职场女性要善于发现、深度发掘和尽情发挥自身优势
职场女性还要扬长避短，把劣势转化为优势

职场中如何发挥好女性的自身优势

陈沐美　秦永顺◎编著

每一位女性都有自己独特的职业优势，掌握并发挥好它，就能把一份简单、普通的工作做到极致，不仅幸福了自己，也成就了企业。

中国妇女出版社

图书在版编目（CIP）数据

职场中如何发挥好女性的自身优势 / 陈沐美，秦永顺编著. -- 北京：中国妇女出版社，2015.1

ISBN 978-7-5127-1044-3

Ⅰ.①职… Ⅱ.①陈… ②秦… Ⅲ.①职业选择 - 女性读物 Ⅳ.①C913.2-49

中国版本图书馆 CIP 数据核字（2014）第 300115 号

职场中如何发挥好女性的自身优势

作　　者：陈沐美　秦永顺　编著
责任编辑：孔　姿
责任印制：王卫东
封面设计：国风设计
出版发行：中国妇女出版社
地　　址：北京市东城区史家胡同甲 24 号
邮　　编：100010
电　　话：010 - 65133160（发行部）　65133161（邮购）
网　　址：www.womenbooks.com.cn
经　　销：各地新华书店
印　　刷：北京柯蓝博泰印务有限公司
开　　本：170 × 240　1/16
印　　张：13.25
字　　数：177 千字
版　　次：2015 年 1 月第 1 版
印　　次：2015 年 1 月第 1 次
书　　号：ISBN 978-7-5127-1044-3
定　　价：35.80 元

前言

自古男女有别，男性和女性在生理和心理特点上都不相同，在职业生涯中也就形成了一定的优势和劣势。近年来，国内外的许多研究都显示出，女性与生俱来的特质使女性在职业发展道路上有诸多优势。

比如，女性天生就比男性“会说话”。伦敦精神病学研究所对同一个家庭长大的3000对龙凤双胞胎进行了研究，发现在两岁左右的阶段，女孩子的语言能力比男孩要更快一些。女性更会说话，其实是基因决定的。从大脑功能上来说，女性更善于说话。生物学家们通过解剖发现，在胚胎时期，男性睾丸就会分泌出雄性激素，这些激素会延缓左脑的发育。而女性分泌的雌性激素能促进脑的早熟，并帮助控制与语言相关的皮层更早发挥作用，也就是说女性“会说话”是先天优势。所以，在工作中，女性比男性更懂得如何晓之以理，动之以情，从而让自己进退自如，让上司或下属都欢迎自己。

再比如，从女性的个性特征来看，也具有独特的优势。女性性格温柔，情感细腻，富有同情心，考虑问题通常周到得体，善于理解人、体贴人、关心人、团结人，也易于被人理解；母性的天性又使她们对所担负的社会公职具有无私奉献的精神，能吃苦耐劳，富有实干精神；女性性情温和、恭良、谦逊，办事耐心，平易近人，与人相处容易沟通，较好接近；她们具有敏锐的直觉和观察力，能发现男性经常注意不到的细枝末节，往往能发掘一些问题的闪光点，既能充分认识他人的长处，也能细心体察人们的情绪，协调处理好各方面的关系。

还有如，女性有柔弱而美丽的形象，温柔动听的声音，优雅从容的处事风格，热情大方的社交能力，善良大度的内心，天生的亲和力和坚韧执著的耐性等，这些都是女性特有的优势，是所有女性都有的优势。

然而，具有同样优势的女人和女人之间，却一样有着天壤之别：有的女人幸福快乐，有的女人命运多舛；有的女人位高权重，有的女人身如尘埃；有的女人飞黄腾达，有的女人一事无成……究其原因，关键在于是不是发挥好了自己的优势。特别是在职场，懂得发挥自己女性优势的女人，大多都是成功者。因而，对于职业女性来说，如何在职场中发现、发掘和发挥自己的优势，至关重要。

本书通过对现代职业女性的职场优势的深入分析和阐述，为广大职场女性开辟了一种全新的了解自己、发掘自己、突破自己、释放自己、完善自己的途径，并通过对自身优势的发掘和发挥，发现一个全新的自我，成就一个崭新的人生。

目录 Contents

第一章 发挥性别优势：如水的温柔天生就是武器

在职场，男性有男性的特色，女性有女性的优势。温柔就是女人天生的特质、天生的性别优势。似水的柔情，温婉的性情，这些是女性最能打动人心的地方。温柔的女性骨子里透出一种亲和力，脸上总是带着浅浅的微笑，弥散着独特的魅力。她们犹如冬日里的一杯极品绿茶，透彻且深刻。

第二章 发挥形象优势：美丽的女性是职场赏心悦目的风景

职业女性有美丽优雅的形象，这是女性天生的特质，也是女性最大的优势。美丽优雅的女性就像一道赏心悦目的风景，让女性不用自炫已经足够耀眼，不必张扬已经风采迷人。职业女性要是能很好地发挥这一优势，必然会使自己的职场之路顺利通畅！

第三章 发挥社交优势：八面玲珑赢得职场好人缘

女性天生会社交，因为她们天生就有很高的情商，懂得管理自己的情绪，体察他人的情绪，把握与不同人交往的分寸，拥有与不同人的相处技巧。因而，在职场交往中，高情商的女性显然比男性具有更强的社交优势，更能赢得职场好人缘。

第四章 发挥口才优势：高超的表达技巧让女性左右逢源

与男性相比，女性似乎嘴巴要甜得多，表达能力也要强得多。能言善辩，言辞温婉，让女性天生就多了些好人缘的底子。再加上话说得恰当得体，文雅动听，更让女性在职场左右逢源，处处顺利。

第五章 发挥心态优势：良好的心态让女人处处受欢迎

良好的心态是女性生活幸福、事业成功的基石。女性天性中的单纯、善良、自信、乐观、豁达，不仅让女性能更深切地感受到生命的美好和幸福，还能促进职场工作的顺利开展，因为拥有好心态的女性，永远是职场最欢迎的人。

第六章 发挥头脑优势：有些工作最适合女性

男性女性不仅生理结构不同，心理不同，大脑构造和思维方式也不相同。女性天生的耐心、细致、谨慎小心、温和善良以及敏锐的“第六感”，使许多工作就像为女性量身定做一般，而男性做这些工作就会稍逊一筹。

第七章　发挥进取优势：工作不服输业绩不落后

有进取精神的职业女性在工作中总是不甘人后。她们性格坚韧而执著，不达目标绝不轻言放弃；她们善于忍耐，不逞一时之能；她们积极勤奋，踏实肯干。因而女性在职场，更能坚持到底，更能执著无悔，直到攀上成功的峰顶。

第八章　扬长避短：劣势也能成为优势

每个人都有自己的优势和劣势，聪明的女人不会让劣势成为自己发展的绊脚石，而是善于将这种劣势转化成优势。人生的诀窍就在于极大的发挥自身优势，聪明的女人能最大限度地表现自己的才华和优点，使自己具有永恒的魅力。只要懂得扬长避短，就无劣势可言。

第一章

发挥性别优势：如水的温柔天生就是武器

在职场，男性有男性的特色，女性有女性的优势。温柔就是女人天生的特质、天生的性别优势。似水的柔情，温婉的性情，这些是女性最能打动人心的地方。温柔的女性骨子里透出一种亲和力，脸上总是带着浅浅的微笑，弥散着独特的魅力。她们犹如冬日里的一杯极品绿茶，透彻且深刻。

1 柔弱是女人的天性，也可以是职场取胜的法宝

老子曰：“天下莫柔于水，而攻坚强者莫之能胜，以其无以易之。”大意是说世间没有比水更加柔弱的，然而攻破坚强的东西，什么也不能胜过它，因为什么也取代不了它。这里，老子把水的柔弱称为水的德性，主张“柔能克刚，弱能胜强”。老子的尚水精神，体现了智者应有的处事原则。

柔弱表现在女人身上，是一种从容淡雅的女人味。柔弱的女性如静水深流，谦和低调，大度从容，外圆内方，给人以剔透玲珑的感觉。柔弱与年龄无关，与容貌无关，与肢体言语无关，柔弱是一种性情，柔弱是一种女人与生俱来的智慧，柔弱是一种由内而外的气质，柔弱是一种教养。繁华落尽现本真，柔弱更是一种内在的魅力。似水的柔情，温婉的性情，是女人处事立足的有效武器。在职场交往过程中，柔弱的女性往往是能深入对方心灵，散发着怡人的感情芬芳，放出吸引人的磁场。

女人是水做的，柔弱似水，柔弱是女人的天性。不过，柔弱并非软弱。这里说的柔弱是指柔和谦顺，像水一样具有巨大的张力和包容力。柔弱的职场女人宽厚、耐心、体贴入微，善解人意，谈吐谦虚谨慎，做事有条不紊，待人温文尔雅。这种柔弱本身就带有很强的向心力。柔弱的女人在职场虽然话不是最多的，长得不是最漂亮的，但人缘一定是最好的。

在这里首先纠正一种观点：有人认为，在这样一个充满竞争的大背景下，女性应该强悍，应该“像个男人那样行事”，才能“事业有成”。然而，调查得知，“强悍型”女性比“柔弱型”获得升职的机会更少。

那些装扮男性化，说话做事男性化的女性，在职场并不受欢迎，也难以得到领导的青睐。工作作风强硬、锋芒毕露、特立独行的女性获得升职的机会明显低于“柔弱型”女性。所以，女性如果想在职场中取得成功，同时又能获得极好的人缘，最有效的办法就是做个柔弱的女人。女人的柔弱才是最强悍的武器，才是职场取胜的法宝。真正能够把握住“柔弱”的女人一定能在职场生涯中获得成功！

小云和小韩同时进入一家企业。两人年龄相仿，毕业于同一所名牌大学，身材和相貌也很出众。不过，小韩很自信，她觉得自己做事风格强势，一定会比小云更优秀。确实如此，小韩做事效率很高，属于能干的凌厉型女人。她每天都穿着刻板严肃的职业装，雷厉风行，干劲十足，对那些做事慢吞吞的人很不耐烦。她工作上遇到困难从不求人，害怕别人质疑她的能力，宁愿自己多花时间去钻研解决。

而小云是一个柔弱的女人，说话柔声细气，做事慢条斯理。偶尔做错了事情，她就会充满愧疚地看着对方，如此惹人怜惜，让人不忍责备她。对待同事，她总是面带微笑，工作上虚心请教别人，一声“谢谢”更加温柔真诚，同事们都乐于帮助她。她的衣着风格介于休闲装和职业装之间，休闲又不失庄重，大家都很欣赏她。而小韩呢，大家都因为她强硬的个性而疏远她。

到了年末，人人都觉得这一年小韩的业绩肯定遥遥领先。可出乎所有人预料的是，一向柔弱温顺的小云，居然是业务排行榜上的佼佼者，远远超过了小韩。结果可想而知，小云升职又加薪。升职之后的小云依然是一副柔弱的样子，对下属从不摆架子，不说重话，也不说狠话，态度温和，深受同事喜爱。而小韩呢，也及时反省了自己，也从失败中吸取了教训，开始尝试改变自己。

老子曰：“人之生也柔弱，其死也坚强……故坚强者死之徒，柔弱者生之徒。”这里老子所谓的柔弱，并不是通常所说的软弱无力的意思，而是其中包含有无比坚韧不拔的力量。事实上，柔弱内含很多积极的人生哲理。道教以柔弱为用，主张一切行为都不要太刚强，刚者容易先受摧毁，强者容易先受到曲折。

柔弱，看起来似乎弱不禁风、没什么力度，实际上力大无穷。木锯绳断、水滴石穿，就是一个最好的证明。舌头与牙齿相比显然是脆弱的，但牙齿常常会烂掉或碰碎，而舌头始终完好无缺。世界上的生灵也是这样，虎豹与牛羊比，虎豹要强大得多，但在生物的进化中，虎豹却越来越少，成了濒临灭绝的物种，而看似柔弱的牛羊却欣欣向荣，遍地皆是。柔弱使女人看上去像巫术高超的女巫，这是女人的本能，没有什么比一个女人的脆弱更能打动人。

柔弱是水的本性，也是女人的本性。柔弱体现在女性身上也是一种坚韧不拔的精神。只有具备韧性的女人，在工作中才能能屈能伸，游刃有余。柔弱表现出人性中的真正力量，柔弱包含着无穷的力量，有如弓箭，其弓柔性越强，其箭才能射得越远。所以职场女性也要学会使用自己的这一武器，应用这一法宝，从而发挥自己的性别优势，赢得自己的职场成功。

2 温柔的性情，让女性的亲和力更强

说起温柔，我们总会跟女性联系起来，似乎这是女人的专利，“柔情似水”“柔情蜜意”“柔媚”“柔嫩”“柔顺”等词语都指向了女人。当

然，不温柔的女人及温柔的男人也不算另类。但是，卢梭曾说：“女人愈是想学男人的样子，她们便愈不能驾驭男人，这样一来，男人才会真正成为她们的主人呢。”可以说，像男人的女人无论是作为女人还是男人来说，她都是失败的。

温柔不仅仅在于行事举止，一个眼神、一个姿态就能生出许多柔情，不必说她的体贴、她的关怀。温柔装不出、藏不住，它总是自然地流露，任何伪装的举止都会撕破它可爱的外衣，变得狰狞可恶。温柔就像是月的光、水的涟漪、初生的草绿色，一片神行，不可凑合。它潜藏着热情、关爱，它给人以一种无以言表的神秘、甜蜜的感觉。这样的女性无疑更有亲和力，在职场也更受到大家的欢迎。

35 岁的小陈是一家大型私企的主管，发型清爽，样貌清秀，说话也是温声软语、细声细语。但就是这样的温柔作风，使下属更心甘情愿地听她的调遣。下属小李说：“主管说话温柔，见着她不会害怕，反而想尽力去做好工作。”

随意呵斥员工是一般女性管理者决不会做的行为。所谓“女人是水做的骨头”，女人天生具有像水一样的温柔力量。这种“温柔力量”运用到职场管理中，往往表现为女性领导者更善于站在员工的立场和角度看待问题，给予员工发挥的余地，而不是用强势的力量驾驭员工去片面追求短期的效益。

女性亲切温柔的天性，就是女性的优势。这使女性在职场的人际关系更容易处得和谐、融洽。

温柔是女性的特质，女性最能打动人的就是温柔。温柔的女性散发出恬淡、含蓄、优雅、贤淑、柔静的气质，这种气质凝结为一种令人难以抗拒的力量。一个女人无论是否漂亮都需要温柔。女人的美貌，只能征服男人的眼睛，女人的温柔，却可以征服男人的心灵！

温柔像春天的小鸟，给人们带来生机和希望；温柔像夏天的清泉，给人们带来甘甜和清凉；温柔像秋天的硕果，给人们带来收获和喜悦；温柔像冬天的暖阳，给人们带来温馨和暖意。

温柔是一种美德，冷漠自私的人学不会它。温柔是一种素养，它总是自然地流露，与人性同在，藏不住也装不出。温柔是一种感觉，所有美妙的言语也描绘不了的感觉。温柔是一种态度，呈现出女人的娴静的心态。

女人的温柔并不是软弱，而是一种成熟和智慧。正如张爱玲所说："因为懂得，所以慈悲。"温柔的女人从不盛气凌人，也不会啰啰嗦嗦，更不会大发脾气，但这并不代表着毫无主见，由人摆布。她们温顺，但绝不盲从，她们只有在把问题考虑得清清楚楚明明白白后才会做出自己的判断。她们通情达理，热情自信，脸上总带着浅浅的微笑，弥漫着属于自己的独特魅力。温柔的女人骨子里有一种亲和力，这种亲和力就是遵从内心，不媚不俗，豁达恬淡，通情达理。温柔的女人懂得包容，有着大海般的胸怀。即使她有些许烦恼，也会适时调整好心态，坦然豁达地面对。她就似冬日里的一杯温暖的绿茶，透彻且深刻。

温柔的女性，在职场颇受人喜爱。性情温和、柔顺的女性，即使她的五官不精致，体态欠婀娜，但她洋溢出的温暖与柔情，却能给人一种精神上的抚慰和情感上的升华。对于女性，人们期待的更多的是一种蕴含着母爱的美，这是一种崇高的美。这种美能够弥补先天的不足，使女性的亲和力更强。

温柔的女性在交际过程中更能深入对方心灵，使得人们喜欢接近或愿意接近她。适时表现你的温柔，可以更好地融洽你和他人的关系。温柔的女性对人一般都很宽容，她们为人谦让，对人体贴，凡事先替别人着想，绝不会让别人难堪。这是女性的温柔在为人处世方面的集中表现。这一点从下面的例子中就可以得到印证。

同事们提及李海燕时都会竖起大拇指，称赞她是个很能干的女领导。也许你会认为她是一个典型的女强人，果敢、强势、干练，具有男人一样的气魄。然而事实上，她宁静、贤淑、温文尔雅。如果有人在普通员工的办公室里遇到她，没人会想到她就是一个集团公司的副总。让我们来了解下她是怎样办公的吧！

李海燕在接听电话："造成了多大损失？"短暂沉默之后，"刘经理，这事情应该是你负责的，对吧？"声音轻柔而有力，语气上毫无咄咄逼人之意，但又直奔主题。"损失已经造成，责备你也是无济于事，批评的话我就不说了，你还是同张经理他们讨论一下，如何把影响减到最小吧。下班之前可以给我一个解决方案吗？""好的。"

从这简单的几句对话中就看出是公司的业务中出现了严重问题。如果是个男性管理者，一定会大发雷霆，并带着严厉的训斥，甚至性情火爆的管理者可能当场就会免去下属的职务，但她没有。她的言行举止，处处流露着女性特有的温柔，却又不失果断。整个对话的过程中，她语气平静、轻柔，但这平静中透着力量，轻柔中透着果断。

表面平和，实则透着坚定果敢，听着温柔，但又不失威严和权威，这充分体现出一个温柔女性的智慧与魅力。女人天生拥有像水一样的"温柔力量"，这种"温柔力量"运用到实际工作中，往往表现为女性职员更善于站在他人的立场和角度去思考和看待问题，亲和力更强，能进行更好的沟通，使得团队合作更为顺畅。当然，这种温柔绝不是故作姿态，也不是故作小鸟依人状，而是一种人格魅力自然地流露。

但是，温柔可不是软弱。外表温柔的女性很多内心刚强，而且机敏智慧，特别会发挥自己是女性的优势，善于以柔克刚，因而更能在职场风生水起。

比如《北京爱情故事》那个才貌兼具的女领导伍媚，风情万种的外表，不达目的不罢休的干劲，以及以柔克刚的职场智慧，依靠这些，她赢得一个又一个的大单子，也让自己自尊自立自强的角色深入人心。

在跟银行行长的饭局上，伍媚屡次主动敬酒，表现出了豪爽的性格和充分的诚意，让对方颇为赞赏。但是在饭局进行到一半的时候，她假装酒后失言，说自己怕输，拿不到订单会哭等。

这些话若是从男性的口中说出，必然会被人嘲笑懦弱无能。但是从一个漂亮女性口中说出，尤其是当着处在强势地位的男性面前，则顿惹人心生怜悯。于是行长立即将名片递了上去，并叮嘱她先行从饭局撤退回家休息。

出了饭店，小伍深知此次订单有着落了，心花怒放，不禁跟吴狄传授自己的职场之道：在职场上，女性适当示弱有时可以以柔克刚。

伍媚的以柔克刚还表现在摆脱上司骚扰时。伍媚被总公司外籍上司疯狂追求，这曾让她不堪其扰，而另一方面，她又需要讨这个男领导欢心，达到自己晋升总经理的目的。

在剧中，伍媚碰到了个棘手的问题，就是这位外籍上司要来北京分公司考察，而公司需要安排人陪他逛北京。毋庸置疑，如果自己出马最有可能讨得男上司欢心，但如此一来，又有极大的可能让他重燃对自己的热情，把自己陷入两难的境地。

聪明的小伍，将这个问题抛给了单身的女下属杨紫曦。一方面，这位男上司单身、帅气、多金，可谓钻石王老五，陪他游北京是很多女员工梦寐以求的事，给谁做都算做了个人情；另一方面，杨紫曦本身是具有东方美的漂亮女孩，正是外籍上司喜欢的类型，大可以帮助自己转移他的注意力。此外，这名女下属还是小伍现任男友的前女友，一旦将她推销出去，男友也可以正式收心。

在男领导居多的职场上，漂亮女性有着天然的优势，但这绝不是说女性要利用自己的美貌进行权色交易，而是应该在保证自尊的前提下，发挥自己的性别优势，巧用心机，妙耍手腕，以柔克刚，以弱胜强，为工作带来各种便利，使女性的工作更有成绩，把事情做得更加完美。

职业女性的温柔特质在每天的言行、接听电话、会议、商务谈判、宴会等商务礼仪活动中就能自然流露。在这些商务活动中，遵守礼仪规范的同时，如果能够体现出女人的柔性之美，表现出同男人不一样的风范，就很容易产生很强的亲和力。温柔是女性独有的特点，是女性特有的武器，也是女性的宝贵财富。如果你希望自己更加完美，更加妩媚，更加有魅力，你就应当保持或挖掘自己身上作为女性所特有的温柔性情。

3 甜蜜的微笑，是女人最迷人的表情

微笑是世界上最美丽的语言，微笑是最美丽的妆容。女人的微笑往往蕴涵了一种力量，它比贵气的珠宝、华丽的服饰更加能够让女人焕发出迷人的魅力。回眸一笑百媚生，展现的就是女人倾国倾城之微笑。可见，女人的微笑具有无穷的魅力。

微笑是女性最美好的面部表情。保持微笑不仅能展现迷人的个人魅力，而且可以让身边的人感受到自己积极的生活态度。微笑会让女人显得更加平易近人，更容易获得别人的好感。那些身处困境，也能保持微笑的女人，更是让人由衷敬佩。

微笑是女性最自然的表情，并不需要刻意为之。女人甜蜜的笑容，就像春日里朵朵初绽的蓓蕾，带给人温馨甜蜜的感觉。微笑是沟通心灵的桥梁。微笑可以拉近与陌生人之间的距离，让别人觉得你是一个亲切自然、值得信赖的女性。微笑面对生活，微笑面对人生。微笑能感染每一个人，以微笑面对每一个人，你会觉得每一个人对你充满爱意。微笑是内心喜悦的情绪，是表示诚挚、友好和尊重的内心体现。微笑很简单，意义却深远。

小薇是刚刚走出校门的中专毕业生。刚满19岁的她来到一家外贸公司应聘，从众多应聘者中脱颖而出，顺利地走上了前台文员的岗位。公司的人事部经理说："这个女孩子笑容很甜美。"

前台文员的工作虽然很简单，但是能代表着一家公司的形象。工作时，只要有人走进公司，小薇就会起身微笑着问候一声。她每天都是第一个来到公司，然后就在岗位上，用甜甜的微笑迎接每一位同事的到来。很快，同事们都喜欢上了这个笑容甜美的小女孩。因为她甜美的微笑，让大家觉得心情格外舒畅。因为这微笑传达这样的信息：早上好，愿你一天都有好心情。这种甜蜜友善的微笑，让这个相貌平平的女孩子拥有一种独特的魅力。

作为贸易公司，客户上门拜访是常事。有一次客户到达公司的时候，负责这个客户的经理恰巧有事不在。其他领导也都不在，所以只好由前台小薇接待他们。带他们进入会议室，为了不冷场，小薇用自己一年来了解到的公司的情况向他们做了详细介绍，一直等到那个经理回来。后来这个单子当场就签了。客户跟经理这样说："你们公司的前台小姐笑容这么甜美，显得非常友善，而且又表现出自信。公司的前台文员都有这样高的素质，我想公司应该不会差到哪里去。"

这件事后，小薇也引起了公司领导的关注，很快就把小薇从前台提拔到办公室。三年以后，小薇坐到了办公室主任的位置，成为公司管理层中唯一一个中专生。

微笑是一个充满魔力的表情，无论是你的家人，还是你的朋友，或是你的客户，甚至是陌生人，只要看到你的微笑，都不会拒绝你。只要你微笑，你就永远不会孤单。微笑会带给你好运，让你拥有快乐、友谊与幸福。不管是工作中还是生活中，微笑都让你受用不尽。

相貌甜美的李女士在结婚之前，一直被朋友们誉为“快乐天使”。从他们初见的一刹那，丈夫就被她的微笑所俘虏。婚后，李女士依旧辛勤工作，每天披星戴月去上班，下班拖着一身疲倦回家，忙碌的生活节奏和巨大的工作压力使微笑渐渐从她脸上消失。夫妻俩常常因为一点儿鸡毛蒜皮的小事情而吵得天翻地覆。

在一次同学聚会中，丈夫忍不住向李女士的同学诉苦，说自己的爱人再也不会像从前那样甜甜的微笑了，说她脸上的表情越来越淡漠，常常皱紧眉头，回家也总是沉默不语。而李女士也和好友抱怨说，生活真的很苦闷无趣。

朋友们都建议李女士应该努力找回遗失的笑容，并回忆在校园中时常微笑的李女士是多么甜美又淡雅，像一枝散发芳香的百合花一样迷人。

李女士尝试对着镜子微笑，发现微笑时的自己果然比皱着眉头时要好看一百倍。那么，为什么不让这样的笑容回到自己的脸上呢？

次日清晨，李女士做完早餐，在丈夫即将出门上班的时候，她微笑着对丈夫说：“路上小心啊！亲爱的，祝你工作愉快。”丈夫看着爱人久违的笑容，惊讶地张大了嘴巴，有好一阵子没有回过神来，心里却是暖暖的。

到了公司以后，李女士努力使自己对周围的每个人都保持甜蜜的微笑。即使遇到刁钻刻薄的客人，李女士也主动展现自己的甜蜜的微笑。她很快发现，甜蜜的微笑使看起来难以解决的问题迎刃而解。

不仅如此，她还听到这样的称赞："你笑起来真美，整个人都变得清新脱俗了。"甜蜜的微笑彻底改变了李女士的生活，让她又一次沐浴在快乐幸福之中。

法国作家雨果说："笑，就是阳光，它能消除人们脸上的冬色。"人人都喜欢与微笑的人相处。微笑是一种最动听的无声语言。男性更喜欢面对脸上挂满微笑的女人，对于严肃且压抑的女人则会敬而远之。因此，如果女人能保持甜蜜的微笑，不仅有益于身心健康，而且有助于家庭的稳固、事业的成功。可以看出，微笑对女性来说是多么重要的一件事情。

微笑也是职场女性人际关系的"润滑剂"。在所有的交际语言中，微笑是最有感染力的，是放之四海而皆准的人际交往的高招。往往一个微笑能很快缩短你与他人间的距离，表达出你的善意、愉悦，给人春风般的温暖。一个微笑，邻座的人就可能成为自己的朋友。一个微笑，会燃起一对青年男女的爱慕之情。笑暖人心，又能体会到家庭的快乐，建立人与人之间的好感。微笑使疲倦者休息，拘束者轻松，悲哀者节哀，像一种情绪的调和剂。但是在运用微笑传情达意的时候，要注意做到以下几点：

一是笑得自然。微笑是发自内心的，是美好心灵的外观。这样才能笑得自然，笑得亲切，笑得美好、得体。要注意不能为笑而笑，没笑装笑。

二是笑得真诚。微笑既是自己愉快心情的外露，也是纯真之情的奉送。真诚的微笑让对方内心产生温暖，有时候还可能引起对方的共鸣，使之陶醉在欢乐之中，加深双方的友情。

三是在合适的场合笑。微笑并不讲条件的，也并不是可以用于一切交际环境。它的运用是很讲究的。当你面带笑容时，你的心情不会差到哪里去。当你面对一个笑容满面的人时，你也很难不对他报以微笑。微笑使人觉得自己受到欢迎、心情舒畅，但对人微笑也要看场合，否则就会适得其反。

有时候，微笑让你看起来紧张、无助，特别是在笑得太夸张的情况下尤其如此。当你出席一个庄严的集会，去参加一个追悼会，或是讨论重大的政治问题，自然不宜微笑。当你同对方谈论一个严肃的话题，或者告知对方一个不幸的消息时，或者是你的谈话让对方感到不快时，也不应该微笑，或者要及时收起微笑。

四是微笑的程度要合适。微笑是向对方表示一种礼节和尊重。但是如果不注意程度，微笑得放肆，就会有失身份，引起对方的反感。

五是微笑的对象要合适。对不同的交际对象，应使用不同含义的微笑，传达不同的感情，不然难免会有适得其反的情况出现。

4 适当撒娇，让人无从拒绝

撒娇是为了某事或者某人通过示弱的方式而达到心理预想。一般情况下，是女性对男性，晚辈对长辈。撒娇是一种示弱的方式，目的是激起对方的关爱，引起对方的同情，让人无从拒绝。职场上不会撒娇的女人，通常是那种强势姿态的“女汉子”。不会撒娇的女人，无缘享受到被呵护、被关心的感觉。无论她们遇到多大的困难，都要自己去面对；无论她们遇到多大的难题，都要自己去解决。原本可以发挥女人的优势，撒撒娇为自己减轻一点工作上的压力，何乐而不为呢？撒娇是女人最有效的秘密武器之一，若是职场女人能够运用好这门技术，职场之路将会更加顺畅。

如果男上司安排给你一个非常棘手的任务，你感觉完成起来会很吃力，你可以柔声叹息着说：“老总啊，您看您害得我这个周末都不能去健身房锻炼啦！”上司会笑逐颜开，不仅不会责怪，可能还会为你找个助手。

如果你希望得到男同事的帮助，你不妨抿着嘴唇，很不好意思地说："李哥，你就帮我这一次嘛，就一次嘛。"这个"李哥"尽管有自己的工作要做，却也不好意思拒绝你。

如果你希望得到女同事的帮忙，轻轻喊她一声："亲爱的，帮我把这份文件打印出来交到张经理那儿，我请你喝咖啡，好不好嘛？"女同事故意无奈地说："真拿你没办法，看在咖啡的份上，我就帮你吧。"

如果你面对的是男客户的苛刻条件，你用清脆的嗓音说："我们已经没有什么利润了，您吃肉，也总得让我们喝点儿汤嘛。"男客户通常会大度地笑笑，爽快地签了这份合约。

撒娇，是人与人之间的一种美好柔和的情愫，也是为人处事时一种可爱的表现。不过，撒娇又的确是一个"技术活儿"，要掌握好度，包括场合、对象、方式、语气等要素，综合运用得当，才能达到预期的效果。分寸得当的撒娇，会让你在职场上做起事来如鱼得水。过度的撒娇就是暧昧，就是献媚，会招来很多的白眼。所以，无论是对男上司还是男同事，撒起娇来一定要掌握好度，弄得彼此尴尬就不好了。

某办公室门口听到这样一个女职员的声音："哎呀，你就帮我把这份文件复印一下嘛，下班之后我请你吃冰激凌……你就答应了嘛！"那声音拖得冗长，又极富波浪感，让人身上瞬间起满鸡皮疙瘩。格子间里上演着这样一幕：那个30多岁的女人站在办公桌前，双手扶住电脑桌，弯着腰，侧着头，对着年仅20的大男孩小陈。而此刻小陈已经满脸通红，拿鼠标的手似乎都在颤抖。发觉有人进来，小陈赶紧站起身来，好像看到了大救星。那女人"妩媚一笑"："小陈你也太过分了，都不肯帮我。那我就不求你啦！哼！"那声"哼"若是从一个小女孩口中说出来，应该挺可爱的，可是偏偏是从她嘴里说出来。

正值夏天，办公室里飞进了几只蚊子。好几个同事都被蚊子叮了，都叫苦不迭，也包括那个女人。那天下午，经理刚进入办公室大门，那个女人就快步跑到经理面前，把雪白的胳膊举到经理眼前诉苦道："经理啊，你看怎么办啊，我的胳膊都被蚊子叮了，这么多红点点，你可得帮帮我们啊，特别是要帮助我这个女孩子哦！"经理一下子愣住了，整个办公室的同事都在偷笑。场面相当尴尬！

她在技术部工作已有好多年了，是位老员工。她人长得很漂亮，但那"娇媚"的声音，一直让人难以接受，所以至今还是单身。每个月拿着微薄的工资，却经常看到她更换价格不菲的手包。令我们这些工薪族惊讶的是，每个季节她的衣服穿一次就再也没有出现过。

不过，她人并不坏。午饭时，如果哪个同事忙，她都是主动帮这位同事带饭。如果公司有一些重要通知，尽管不是她的工作范围内的事，她知道了也会及时地一一告知。可是，在技术部，男性是女性的6倍，而且男性又普遍是20多岁的大男孩，她作为30岁的女人，整天嗲声嗲气的实在让人不舒服，过度的撒娇更是让人感到恶心。

作为一名职场女性，如果整天面无表情，相信没几个人喜欢；如果太强势又会让自己很累，甚至会被视为另类；如果嗲声嗲声更是让男同事感到可笑，让女同事感到恶心。

一般女性会这样认为，撒娇就是将声线提高八度，再拖长尾音就可以了。其实撒娇是非常有学问的。看起来可爱的举止，俏皮的表情，都能令人赏心悦目。在职场撒娇，要深刻领悟撒娇的学问。撒娇也是有很多禁忌的：不能在其他同事面前对男上司撒娇，对男同事撒娇也不能太腻，男上司或男同事接打电话的时候千万不要向他们讲出撒娇意味的话，不要在公众场合撒娇……

总之，撒娇不是暧昧，更不是谄媚。职场女性如果能清晰地界定这之间微妙的关系，从容掌握好撒娇的艺术，才能让职场之路更加轻松平稳。

5 主动示弱，更能达到目的

越是聪明、越是成功的女人越会恰到好处地运用“柔弱”这个最丰富、最本能的武器。主动示弱，主动表现自己的柔弱，让别人心生怜惜，其实更容易达到目的。历史上有很多聪明睿智的女性都深深地懂得这一道理。

古代阿拉伯有一个叫列依的小国。人们都把列依王国的王后尊称为“斯苔”。她是个十分善良、温柔而又贤惠的女人。当国王法赫尔·杜列驾崩以后，其子继位，号为玛智德·杜列。由于玛智德年纪尚幼，只好由母后代政。

一天，强大的苏丹玛赫穆德派了一使者到列依，向斯苔恐吓道：“你必须呼我万岁，在钱币上印铸我的肖像，对我称臣纳贡。否则，我将率领我的国家，将列依纳入我们的版图。”使者还递交了一封重要的信件——战争的最后通牒。

列依王后收到信件后，却并没有迎战或是发怒，而是客气地让使者带回了给苏丹的一封信，盛情邀请苏丹到王后的宫殿来作客，两国和谈。

苏丹早就倾慕王后的美貌与风韵，因此，很高兴地答应了和谈的要求，亲自到王宫赴宴。

在华丽的王宫里，王后特地换下了王后的盛装，穿上了日常的便服，更显得弱不禁风，楚楚可怜。苏丹一见之下，先自把自己的狂傲减了三分。见面之后，王后用温和、不卑不亢的语气对苏丹说："尊敬的玛赫穆德苏丹，假如我的丈夫法赫尔还活着的话，您可以产生进犯列依的念头。现在他谢世归天，由我代行执政，我心中思忖：玛赫穆德苏丹十分英明睿智，决不会用倾国之力去征讨一个寡妇主持的小国。但是假如您要来的话，至尊的真主在上，我绝不会临阵逃脱，而将挺胸迎战。结果必是一胜一败，绝无调和的余地。假若我把您战胜，我将向世界宣告：我打败了曾制服过成百个国王的苏丹。而若您取得了胜利，却算得了什么呢？人们会说'不过击败了一个女人而已'，而不会有人对您大加赞美。因为击败一个女人，实在不足挂齿。"强横的苏丹听到这话很震撼，看到她那恬静无畏的表情，弱不禁风的身姿，苏丹彻底放弃了进攻的念头，而是与列依签订了和平共处的协议。在王后执政期间，玛赫穆德苏丹一直没有对列依王国兴师动武。

摒弃"硬碰硬"的想法，在适当的时候主动"示弱"，更容易达到目的。斯苔王后的高明之处就在于很好地考虑了自己的性别角色，向强大的敌人展示了自己柔弱的一面，这样反而令对手惭愧，也就不好意思再争斗下去了。这就是柔弱的力量，它看似不起眼，却足以击退千军万马而不动用一兵一卒。

在职场，女人一定不要以为自己天生柔弱，不足以与强壮能干的男人抗衡。很多时候，恰恰是自己柔弱的一面，能成为自己立身处世的最锋利的武器，而且是只属于女人的武器。

因此，身在职场上的女性，适时主动"示弱"也不失为一种以退为进争取更多优势的竞争手段。

在工作中，常常会接触到形形色色的人，也会产生各种各样的问题，还可能会带来许多不必要的摩擦，或者共同面对的问题会被僵化，最终导致问题得不到及时妥善的解决……这个时候，女性要做的是用巧妙的方式去化解矛盾而不是去激化矛盾。女性的角色就能发挥很大的优势，特别是女性的主动示弱，一般都能达到目的——“好男不跟女斗”，男人面对女人时，总是会大度慷慨一些的。

当然，适时地“示弱”并不代表你真的很软弱，而是一种简化问题的方式，一种工作上的战术，是职场上的一种生存智慧。因而要把握好“示弱”的分寸，因为过分“示弱”可能会落入被人鄙视的境地。因此，适当“示弱”也是需要一些技巧的。

首先，要保持平和的心态。凡事皆不可急于求成，要虚心向身边优秀的同事学习。对于职场新人来说，渴望表现自己，渴望成功的愿望极其强烈，在还没有完全熟悉工作环境之前，便开始处处寻找机会崭露头角，这样势必会给身边的人留下不良的印象，影响其日后的长期发展。

其次，学会大智若愚。宋代的苏轼曾说过：“大勇若怯，大智如愚。”职场中，懂得大智若愚的人能够自由游走于职场中。职场有职场的生存法则。在职场生存，如果你太强势，只会让同事觉得你不易相处，反而让你的人际关系越来越糟，就算你是个能力出众的职场达人，该示弱的时候，也要学会示弱。

最后，学会低调做人。有些人喜欢出尽风头，觉得只有这样，心里才会有成就感，所以他们很在意别人对自己的评价，一心只想着怎样去博得别人的赞美。这样的“出头鸟”很难赢得众人的好感，往往适得其反，最终自身的锋芒伤人亦伤己。

成熟的稻谷会渐渐低下它那缀满果实的头，但这种“示弱”不代表失败，而是成熟的体现，更是圆满的象征。示弱是收而不放，是守而不攻，是一种无形的力量。职场中的女性不妨利用如水的性格优势，主动示弱，从而使职场之路更加宽阔、平坦。

第二章

发挥形象优势：美丽的女性是职场赏心悦目的风景

职业女性有美丽优雅的形象，这是女性天生的特质，也是女性最大的优势。美丽优雅的女性就像一道赏心悦目的风景，让女性不用自炫已经足够耀眼，不必张扬已经风采迷人。职业女性要是能很好地发挥这一优势，必然会使自己的职场之路顺利通畅！

1 漂亮的容貌天生就是资本

切斯特菲尔德曾说过："美貌之女人犹如才智于男子，是至关重要的。"漂亮的容貌是上天的恩赐，是女性天生的资本。漂亮的容貌是女性所有魅力中最直观、最醒目、最无法抵挡的魅力。一个有着沉鱼落雁之容、闭月羞花之貌的女人无论走到哪里都会成为万众瞩目的焦点，都会让人沉醉其中，让人赞叹不已。她们是人间的精灵，是上帝的宠儿。这样的女人，她们的人生，精彩绝伦，璀璨夺目，光华万丈。纵然她们终将被岁月的尘土掩埋，但她们的绝世之姿千百年来一直被世人所怀念，比如貂蝉、西施，比如梦露、赫本。

好像上天也对她们格外眷顾，赋予她们更多的机遇，她们可以轻而易举就得到别人历尽艰辛才能获得的东西。难怪许多人慨叹漂亮的容貌是女人的万能通行证。因为拥有精致的容颜，她们收获得更多。

虽然说不能以貌取人，但漂亮的容貌是女人天生的资本却是毋庸置疑的事实。漂亮的女人总让人不由自主地想要去怜惜和保护她，心甘情愿地为她付出一切。漂亮的容貌不仅是女人最引人注目的资本，同时也是征服世界的最有力的资本。所以人们常说，漂亮的容貌天生就是女人的资本。

在国外，有这样的一个女人，虽然她已经去世很多年，却依然令人怀念。

她是美貌与爱心的天使，她是人类世界的一大奇迹。这个深受赞誉的人就是英国著名影星和舞台剧女演员奥黛丽·赫本。

她有着明亮清澈的大眼睛，像精细雕琢的钻石一样闪耀着光芒。清新脱俗的古典气质就像是夜空里璀璨的星辰，让月亮也黯然失色。世人敬仰她为“人间天使”。

奥黛丽·赫本是影坛上难得一见的瑰宝：她的容貌典雅秀丽，清新脱俗，摄影师都很欣赏她，喜欢为她拍照以便捕捉那到那些“无法比拟的美”。著名导演比利·怀尔德说：“自从嘉宝以来还不曾出现过这样的人物：导演见了会忍不住再三为她大拍特写镜头——拍她那端庄的大眼睛，拍她那诱人而甜蜜的微笑，拍她那活泼的举止，拍她那炽热的感情。你离开了剧院，但她的音容笑貌，时时出现在你的眼前，挥之不去，欲忘不能。”

由于赫本良好的银幕形象，世界各地的影迷把她奉为“银幕女神”，对她的名作百看不厌。《罗马假日》获得成功后，全世界都赞美她的美貌，说她美若天仙。她那吊眼梢、高颧骨，若隐若现的微笑，还有那小精灵般的下颌，都能使无数人为之倾倒。

有“时装圣经”之称的杂志《VOGUE》（中文名《时尚》）2004 年度的时尚名人投票中，赫本荣登女性榜首。《VOGUE》杂志发言人表示：“大家觉得奥黛丽·赫本高贵又有气质，她的美丽永恒不变！一讲到 Style，人人都会立刻联想到她！”2006 年 4 月，英国《新女性》杂志对多名读者进行调查选出古今百大美女，结果赫本再次荣登榜首。同年 6 月，赫本又被著名的时尚杂志《ELLE》（《她》）评选为有史以来世界最美丽女人第 1 名，得票率为 76%。“她是自然与美丽的化身，她皮肤细嫩，性情温和、活泼，她的微笑散发着独特的魅力和内在美。”《ELLE》杂志的主编罗西·格林如是说。

世间，像奥黛丽·赫本这样风华绝代的女子少之又少，然而，纵然美貌如斯，依然注重内在气质的修炼以增其美。可见，女人美丽的根本还是在于恒久的内心修炼和智慧的沉淀。女人外表的优美和纯洁，应当是她内心优美和纯洁的表现。美丽是由内而外的温文尔雅，是一种知书达理的气质。

2 装扮赏心悦目，谁见谁喜欢

梁代文学家萧纲在《美人晨妆》中这样描述：“娇羞不肯出，犹言妆未成。”化妆的最初目的只是强调脸部的优点掩盖其缺点。得体的装扮令人赏心悦目，谁见谁喜欢。越来越多的职场女性意识到装扮的重要性，要想在职场混得好，就要从化妆开始。个人品牌顾问玛丽·斯皮兰说：“化妆弱化了年龄问题：在你接近40岁或40多岁的时候，你的皮肤失去光泽，出现黑眼圈；化妆解决了这些问题。”

一个精致的妆容，能给人留下良好的印象。国际化妆师博比·布朗说：“对女性而言，在任何情况下，化妆都是一个令自己看起来或感觉更漂亮、更自信的绝佳方法。”

小倩是个漂亮的女人，一直都很追求时尚，生完小孩在家做了几年全职妈妈的她后来进入了家装行业工作。小倩有一个良好的习惯，那就是坚持化妆。做全职太太时，她有大把的时间去化妆，现在上班了，显然时间不是很充裕。不过小倩宁愿每天早起会儿，也要坚持化妆，以最佳的形象出现在客户面前。

同事们刚开始没太在意，觉得这是小倩的个人习惯，直到后来，小倩的业绩不断攀升，大家才慢慢悟出了小倩化妆的深层意义：对于大多数客户而言，一个精心修饰过自己的业务员更有说服力，毕竟家装行业也需要设计感。精致的妆容在很大程度上代表了她对色彩和形象的把握能力，这就巧妙地传达出一条重要信息：我是非常有品位的。精致的妆容，让小倩赢得了客户，也赢得了同事对她的肯定。

化妆是一门艺术，最能显现女人的品位。对于职场女性来说，在化妆上多花些心思是非常必要的，通过装扮可以塑造一个典雅、稳重、干练的职业形象。化妆的职场女人更容易取得上司和同事的信任和好感。对于如何化妆，每个女性在化妆时都会有各自不同的偏好。需要注意的是，职场女性化妆一定要与工作性质相符合。办公室切忌化浓妆。很多职场女性最忍受不了女性浓妆艳抹，打扮得过于妖艳。大多数女人天生丽质，只需稍加修饰就很美了，不要化得太浓，反倒失了美感。

东晋医学家葛洪在《抱朴子·勖学》如是说：“粉黛至则西施以加丽。”职场女性适度地化妆和修饰，以赏心悦目、神采奕奕的姿态出现，不仅是尊重他人、尊重职业基本礼仪的体现，还有利于增加自己的自信，促进工作的顺利开展。

上班妆是职业女性们日常妆容之一。如果你还不知道该如何画好上班妆容的方法，那么下面介绍的步骤和技巧就一定要看看了。

（1）清洁面部皮肤：在未涂敷底色之前，必须将面部皮肤的不洁之物除去，才能开始化妆。除去面部油污的方法，一般有油洗和水洗两种。如果条件允许，最好是油洗，即选用洗面霜、清洁霜这类的油质皮肤清洁剂洗面。它的优点是，既能除去面部油污，使面部洁净，又能保护皮肤，免除肥皂等碱性物质对皮肤的不良刺激。

（2）用爽肤水轻按面部和颈部，然后再加一层有色润肤液，使未经化妆的面部洁净、清爽而滋润。这种有色润肤液，不仅对皮肤有益无害，而且能增强化妆品效能，使妆容持久、均匀、细柔，色泽也不易改变。

特别是夏季，使用润肤液可使皮肤呈现天然的日晒色，有利于保护皮肤。

(3) 打底粉：用少量粉底涂在脸上，再用棉球或海绵将粉底仔细地抹匀，一直抹到鬓边和颚下，以免出现痕迹。然后用少许油质眼影膏打底，它能将眼影粉的颜色表现得更加纯正；颧骨上也可用少许油质眼影膏打底，用指尖在颧骨上轻轻抹匀。如果要遮盖眼睛上部的黑圈或面部的瑕疵，可先涂上遮瑕膏，并用海绵抹匀。

(4) 清扫眼影粉：用毛刷清扫眼影粉，使不同颜色的眼影粉刷得更加均匀。然后，在眼睑内侧涂上较深的眼影，以衬托出鼻子的线条。这是东方人脸型常用的一种技巧。

(5) 画眼线：用黑色眼线在上下睫毛线根部画眼线，这样眼睛会显得炯炯有神，使人增添魅力。勾画眼线要用指腹轻轻上拉眼皮，眼线刷打侧（或打横），从内眼角向外眼角紧贴睫毛根部勾勒眼线，眼尾处微微上扬。

(6) 扫睫毛：用睫毛卷，从睫毛下侧面上扫两次，待干。当扫下睫毛时，可先用睫毛捧扫一次，再用干净的睫毛刷轻扫。

(7) 扫腮红：扫上腮红粉，能使整个脸部显得柔美自然，也能使颧骨显得突出。然后，再用同色姻脂粉轻扫太阳穴部位，便可使面部色彩显得浓淡和谐。

(8) 画唇形：首先在原来的唇线上搽粉底，再打粉，然后用唇笔画出所设计的唇形。在上下唇中加上珠光唇彩，以增添光泽。

完成上述几个步骤后，上班的日常妆就算化完了。但还有至关重要的一步：全面定妆，让妆面保持清爽持久。可使用海绵定妆粉扑轻按，可让定妆粉更服帖于皮肤上；或使用大号蜜粉刷轻扫皮肤即可轻盈通透。化妆完毕的面容应毫无痕迹，并显得典雅大方。这样，就算达到面容化妆的预期效果，不管是在办公室办公，还是外出谈业务，你同样可以闪耀迷人。

3 衣饰精致得体，有独具匠心之美

俗语有言："佛要金装，人靠衣装。"怎么让自己穿得漂亮，穿得得体，穿得优雅，穿得精致，绝对是职业女性的必修课。因为她们懂得，"世界上没有不好看的女人，只有不懂打扮的女人"。作为职场女性，充分发挥形象优势，你就是职场那道最赏心悦目的风景。

小雪是个美丽温柔的女孩子。中专毕业后，她怀着美好的梦想从农村进入城市，在一家医药公司从事销售工作。她是一个非常漂亮的女孩。大家都说："小雪，你真可爱，就像出水芙蓉。"小雪很自豪，是父母给了自己漂亮的容貌。然而，让小雪困惑的是，每次她出去拜访客户，客户都能看出她来自农村。小雪很想摘掉农村的标签，可是她不知该怎么办。

一天，同在城里工作的好姐妹瑶瑶来了。刚一见到小雪，瑶瑶就噗嗤一声笑了："你怎么还穿得这么土啊！"小雪看看眼前的瑶瑶，红色的爆炸头，大得夸张的耳坠，超短的性感连衣裙，耀眼的红色高跟鞋。瑶瑶说："看到没？城市的女孩子都这样打扮！"瑶瑶的话让小雪陷入了深思，她当天下午就拉着瑶瑶一起去挑选衣服。第二天，当她穿着和瑶瑶同一风格的衣服上班时，同事都瞪大了眼睛，打趣着说："差点都认不出了，小雪变得时尚了啊！"可是，经理看到后直摇头很不高兴地说："你这样出去，客户会怎么想？太耀眼了！"小雪赶紧回去换掉了。

没过多久，小雪新结识的好朋友小娟也来看小雪，她也热心地帮小雪挑选衣服。小娟30多岁，在律师事务所上班，穿的都是深色的职业装。小雪穿着小娟帮她选的衣服，瞬间觉得自己老了……

就这样，小雪在城里工作了一年多，渐渐明白了穿衣之道。

首先，要选择适合自己的衣服，穿出自己的风格，不能学瑶瑶，也不能学小娟。既然是小雪，就得穿出小雪的风格。小雪身材高挑，性格温柔，就慢慢走上了淑女路线。

其次，穿衣服要考虑场合。上班时，要展现成熟干练的一面。小雪不想再被人认为是农村单纯的小姑娘，不仅要让客户感觉她可信，而且要感觉成熟，不会欺负她；其他场合，小雪穿得很随意。她还经常逛街，去观察别人的穿着打扮。

当小雪再回到老家时，村里的人都说小雪成熟了，变得更有气质了，是个城里的女孩子了。同事们也都说小雪终于破茧成蝶了。

可见，职业女性的装扮不同于家庭妇女，也不同社交场合或是休闲中的女性。精致得体的装扮不仅能表现出女性的端庄和优雅，更能显示出职业女性的精明的干练。所以职场女性装扮时要以简洁干练为主，切记不可盲目地追求时髦，而应当符合自己的职业特点、性格特征和女性的魅力，从而展现自己的职业风采。

一般来说，职业女性穿衣要领有以下几点，一定不能忽视。

(1) 应己着装。

所谓应己，即要求在选择着装时要因人而异，使所穿的服装与自己的身体条件相适应。女性只有根据自己的身体条件选择服装，才能扬长避短，充分展示个人的最佳形象。具体而言，应己原则应围绕性别、年龄、肤色、体型四大身体条件展开。

性别。穿着与自己性别相符的衣服，这是人人都应具有的基本常识。然而服装的中性化趋势日益明显，许多服装不分男女，已成为男女的共同选择。更有一部分人崇尚男服女穿、女服男穿，俨然成为一种时尚。然而对于着装保守、规范的女性来说，是绝对不能追随这一趋势与潮流的。尤其在涉外交往中，更不能误认为这是外国时尚而“投其所好”。

年龄。不同的年龄对着装有不同的要求。在选择着装时，要考虑到自己的年龄因素，使自己的着装与年龄相符。否则，便会不合时宜，贻笑大方。

肤色。所着服装还应与自己的肤色相协调。尽管绝大多数中国人都是黄皮肤，但具体到个人来讲，肤色是同中有异的，因而对服装颜色也有着不同的要求。例如，肤色白净者，适合穿各色服装；肤色偏黑或发红者，忌穿深色服装；肤色发黄或苍白者，宜穿浅色服装，等等。

体型。人有高矮胖瘦之分，具体到身体各部分还有标准与不标准之别，这就是个人形体条件的差异。不同的形体条件应当选择不同的着装。女性如果不注意自己的体型而乱穿衣，可能会闹出笑话。

（2）应事着装。

所谓应事，即根据自己所要办理的事情的不同而选择不同的着装，使自己的着装与所办的事情相配合、相呼应。

不同的场合，着装应有所不同。特定的场合，往往有特定的着装要求。不遵循这个规矩，摆出“以不变应万变”的姿态，着装与所处场合不协调，难免会招惹麻烦。比如，上班时着装与参加庆典的肯定不一样，喜庆的场合与悲伤的场合肯定不一样。

（3）应时着装。

所谓应时，不是指追求时髦，而是要求着装必须与穿着的具体时间相吻合，不可不分季分早晚地胡乱着装。不同时段的着装规则对女士尤其重要。男士有一套质地上乘的深色西装或夹克装足以包打天下，而女士的着装则要随时间而变换。白天工作时，女士应穿着正式套装，以体现专业性；晚上出席鸡尾酒会就需多加一些修饰，如换一双高跟鞋，戴上有光泽的佩饰，围一条漂亮的丝巾。服装的选择还要适合季节气候特点，保持与潮流大势同步。

与时代变化同步。着装不应与时代脱节。不同的时代有着不同的着装习惯与特征。随着时代的发展，服装也在不断地更新换代、发展变化。自然应顺应时代发展的要求，在着装上体现出时代的特征。

（4）应景着装。

所谓应景，是要求在着装时必须考虑自己即将出场或主要活动的地点，使服装尽量与场合保持和谐一致。

在工作时必须身着工作装。穿着制服或西服套裙处理公务，会显得正规而庄重，能令人肃然。如果穿着牛仔服、运动鞋或网球裙去上班，或者外出办事，就会给人留下不庄重之感，这是绝不合适的。女性对这一点尤其应当予以重视，切不可将新潮、浪漫甚至奇异的户外装束“引进”工作场合。在自己家里接待客人，可以穿着舒适但整洁的休闲服；如果是去公司或单位拜访，穿职业套装会显得专业。如去教堂或寺庙等场所，不能穿过露或过短的服装。

莎士比亚曾说：“服装往往可以表现人格。”装扮是一个人形象的重要组成部分，需要我们用心去领悟。一个衣饰精致得体的女人，往往能体现出其高雅的审美情趣和良好的文化素养。

女人的装扮反映了一个职场女人的品位和修养，精致得体的装扮对职场女人的事业起着极大的推动作用。托·富勒曾说：“漂亮的服装将为你扣开所有大门。”对于职场女性而言，不当的装扮或是装扮失礼常常会影响到自己的职业前途。因此，不要以为自己光有能力就行了，作为职场女性，端庄典雅、简洁精致、独具匠心的装扮更能为你的形象加分增采。

4 举止温文尔雅，举手投足自有韵味

举止是指人的动作和表情。日常生活中人的一举手一抬足，一颦一笑，都可称之为举止。举止是一种无声的“语言”，能在很大程度上反映一个人的素质、受教育程度及能够被别人信任的程度。台湾女作家三毛曾说过：“从容不迫的举止，比起咄咄逼人的态度，更能令人心折。”在社会交往中，一个人的行为既体现他的道德修养、文化水平，又能体现出他与别人交往是否有诚意，更关系到一个人形象的塑造。法国思想家孟德斯鸠曾说：“品德，应该高尚些；处世，应该坦率些；举止，应该礼貌些。”生硬冰冷、散漫懈怠、矫揉造作的行为，无疑有损美好的形象。相反，行云流水的动作，给人以清新明丽的感觉；温文尔雅的行为，则使人赏心悦目。

据美国《华盛顿邮报》报道，夏威夷大学的心理系教授和她的同事研究发现，包括喜怒哀乐在内的所有情绪都可以在极短的时间内从一个人“感染”给另一个人；更加令人不可思议的是，这种感染力的速度之快甚至超过一眨眼的工夫，而当事人并不能察觉到这种情绪的蔓延。

作为一个温文尔雅的职场女性，如何才能不受这种情绪的感染呢？多年来，一直致力于这方面研究的教授解释说：“一个人的面部表情越真诚，他的表达能力越强，就会越吸引他人去效仿。人类面部及体内的肌肉纤维可以在人无意识的情况下被激活，你还没有察觉到的时候就已经去效仿别人的情绪了，而这种效仿的能力要比你去率先流露这种情绪更容易。”

职场中我们也会发现，那些外表漂亮的女人不一定有温文尔雅的举止，而温文尔雅的女人却必定是最有韵味的，因为她们懂得“万绿丛中一点红，动人春色不需多”的规则，拥有凭借举止展现内在韵味的技巧。这样的女人才能从容淡泊地驾驭生活的节奏。

中国香港艺人赵雅芝在《新白娘子传奇》中饰演的白素贞，就是一个举止温文尔雅的典型形象。从那时起，她端庄优雅的神态就深入人心，她的一颦一笑别有韵味。多少年过去了，那个衣袂飘飘的白娘子形象无人能超越。

可见，一个举止温文尔雅的女人，一举手一投足之间自然所流露出来的韵味，足以让人铭刻于心，经年不忘。职业女性若能在工作生活中保持温文尔雅的形象，职场生活必能更加融洽、温馨。

5 气质典雅，让美丽由内而外

著名化妆品品牌羽西的创始人靳羽西说过：“气质与修养不是名人的专利，它是属于每一个人的。气质与修养也不是和金钱联系在一起的，无论你是何种职业、处于什么年龄段，哪怕你是这个社会中最普通的一员，你也可以有你独特的气质与修养。”

女性典雅高贵的气质是美丽的极致。即使是再平凡的女性，只要修炼出这种气质，也会立刻变得神采奕奕、美丽动人。

气质美看似无形，实则有形。它是通过一个女人对待生活的态度、个性特征、言语行为等表现出来的。气质美首先表现在举止上。一举手，一投足，待人接物的风度，皆属此列。朋友初交，互相认识，立刻产生了好的印象，这个好感除了言谈之外，就是举止的作用了。举止要热情而不轻浮，大方而不造作。

女性的气质美首先表现在拥有丰富的内心世界。理想则是内心世界丰富的一个重要方面。因为理想是人生的动力和目标，没有理想和追求，内心空虚贫乏，是谈不上气质美的。品德是女性气质美的一个重要方面。为人诚恳，心地善良，对爱情专一，是中国女性的传统美德，也是现代女性不可缺少的品德。同样，一定的科学文化知识也会使女性的气质美大放异彩。因为科学文化知识既是当代女性立足社会之本，也是自身修养的一个重要组成部分。而且，女性的文化水平在一定程度上影响着家庭生活气氛和后代的成长。此外，还要胸襟开阔。

女性的气质美还表现在温柔的性格上。这就要求女性注意自己的涵养，要忌怒忌狂，能忍让、体贴人。那些盛气凌人、傲气十足的"铁娘子"，会使大多数人敬而远之。但是温柔并非沉默，更不是逆来顺受。相反，温柔开朗的性格往往透露出天真烂漫的气息，更易表达内心的感情，而富有感情的人则更能引起别人的共鸣。

高雅的兴趣也是女性气质美的一种表现。爱好文学并有一定的表达能力，欣赏音乐且有好的乐感，喜欢美术而有基本的色彩感，热爱舞蹈又有一定的舞蹈素养，其他如游泳、滑冰、栽花、养鱼、编织、刺绣等，都会使女性的生活充满迷人的色彩。

气质之美让女性凸显人格魅力。即使不是天生丽质，做个迷人的女人也不难，那就要滋养、绽放我们身上独特的气质之花。

晶晶长得不算精致，却有种迷人的魅力，由内而外散发着美丽典雅的气息，让人百看不厌，因此常常能吸引众多关注的目光。

晶晶最初在一家保险公司做接待工作。后来被一个客户发掘，开始做形象顾问。现在，晶晶已经成为一名颇有名气的形象顾问。

一位朋友说："晶晶的气质是可以引领时尚的，干净、明亮又典雅。”

每个女人身上都具有一些不为人知的优点，都有些甚至连自己都不十分清楚的闪光点。把这些闪光点挖掘和显现出来，就可以闪现自己出色的气质之美。

优雅的气质，无疑是女人生命中最美丽动人的风景之一。出色的女性往往都具有独特的气质。她们的着装打扮、言谈话语、举手投足，都表现出一种与众不同的风格，这种风格就是她们各自独有的气质美。这种优雅迷人的气质展现出她们的魅力，透露出她们的信仰和思想。从某种意义上讲，女性的气质既是一种力量，又是一种财富。她们的一举一动，一颦一笑都会令她成功，从绽放出完美的人生。

拥有典雅气质的女人不惧岁月的流逝，无论岁月如何变迁，她们的眼睛依然清澈如初，没有任何杂质。她们拥有赤子之心，从未丢弃那美好的纯真。她们看待世界的眼神，是婴儿般澄澈，充满了真诚，这种眼神能够让冰雪消融，能够让寒风却步。她们有着水晶般玲珑剔透的心灵，单纯且晶莹。在这个纷纷扰扰的世界里，她们总能够悠然地低吟浅唱。因为她们懂得，女人的气质才是她们征服世界的最佳武器。

6 才情内蕴，自有一种迷人风度

赏心悦目的容颜只是年轻时候的资本，再美丽的容颜也会因时光的流逝而渐渐失去往日的风采，而女子的才情内蕴才是女子真正的无价之宝，历久弥香。

有才情的女子总会由内而外散发出一种迷人风度：她们才思敏捷，对很多事情都有自己独到的见解；她们举止得体，优雅大方；她们既知性又不失温婉；她们既有职场女性的果敢干练，又有小女人的细腻温情。

世间有众多这样的女子，她们才华横溢，蕙质兰心，风华绝代，比如李清照，比如林徽因，比如张爱玲。才情女子是人间的传奇，关于她们的故事永远在耳边回响。

曾经的倾城往事，早已淹没在落落风尘中，那个身着一袭素锦旗袍的传奇女子，穿越民国烟雨款款走了出来。她就是张爱玲。她年少时孤芳自赏，遭遇爱情时痴心不悔，人生迟暮时离群索居。就是这样一个女子，在风起云涌的上海滩，不费吹灰之力，便初露光芒，书写传奇。经历几次浮沉，她最终选择华丽转身，远去天涯。绝决如她，冷傲如她，从不轻易爱上一个人，亦不轻易辜负一个人。

张爱玲说过一句非常有禅意的话："因为懂得，所以慈悲。"张爱玲其实并不冷漠，也不张扬，她懂得人生不易，所以她能够对世事报以宽容。

张爱玲是具有灵性女子，她的文字似乎通晓世事，实际上她的经历很薄浅。胡兰成说："张爱玲是民国世界的临水照花人。她无需经历多少世事，这个时代的一切自会与她来交涉。"她从没想过要成为传奇，可是她本身就是传奇。张爱玲的才情是与生俱来的，所以即使她不美丽，却能够以任何一种华丽的姿态倾城绽放。世间曾有张爱玲，世间唯有张爱玲，穿一件旧色却华丽的旗袍，昂着高贵的头，孤傲又默然地看着凡尘往来。那么的不屑，那么的无关悲喜。她犹如一轮华美的月，带着极致的光辉，亦带着坚定的孤独。

张爱玲自称："我生来就是写小说的人。"也许她来人间的使命就是为文字而活。说这话时候的她才二十出头，若说情感经验，沧桑阅历，她都还不够，但作为一个天才，可以免去许多纷繁的过程。张爱玲是个极有灵性的女子，她能巧妙地将生活中的各种琐事，一一转变为小说的素材。张爱玲在她的文字中，时常发出直抵人心的喟叹。她在《红玫瑰与白玫瑰》写道："娶了红玫瑰，久而久之，红的变了墙上的一抹蚊子血，白的还是'床前明月光'；娶了白玫瑰，白的便是衣服上的一粒饭粘子，红的却是心口上的一颗朱砂痣。"

当代著名作家白先勇先生说："张爱玲当然是不世出的天才，她的文字风格很有趣，像是绕过了五四时期的文学，直接从《红楼梦》《金瓶梅》那一脉下来的。张爱玲的小说语言更纯粹，是正宗的中文，她的中国传统文化造诣其实很深。"中国当代著名女作家王安忆说："唯有小说才是张爱玲的意义。所以，认识的结果就是，将张爱玲从小说中攫出来，然后再还给小说。"

才情是女人魅力之本。一个有才情的女人就像一杯清香的茉莉花茶，韵味深远，芳香迷人。她充满知性，眼光深邃，绝不小女子般见识。她的悟性缘于对生活、对艺术的理解，她的气质缘于人格深层的自然流露。她稳重、知性，周旋于人与人之间，应付自如。她是春天的柳枝，外表温柔，内心坚强。她是海天中的沙鸥，一飞冲天。她执著于自我风格的体现，无论是工作、生活都充满自信，追求完美。她爱自己，更爱他人。她是春天的雨水，润物细无声。她如秋天的和风，轻拂你的脸庞。她以女性的特有情怀，放开胸襟去拥抱整个世界。

女人在职场中，比的不是容貌，而是才情。有才情的女子，依靠内在的涵养或修养来提升自己的魅力。而胸无点墨的女子，奢华装扮只能越发显现出她的肤浅。

真正的才情女人具有一种大智慧而非小聪明，是灵性与弹性的结合。一个纯粹意义上的"才情"女人，既有独特的人格魅力，又有女人的吸引力，更有感知的影响力。她不仅能征服男人，也能征服女人。

才情的女人都有敏锐的洞察力、独立的思想、高雅的谈吐、优雅的举止。她们聪明慧黠，人情练达，心澄如镜，她们不曾天真也从未世故。灵性的女人有着单纯的深刻，令人感受到延绵不断的韵味与极致魅力。她们在不经意间流露出才情和内蕴的同时，也对人群保持着一份若即若离的距离。

才情之美远甚于美丽的容颜。拥有一颗灵慧的心，纵然没有天生的丽质，也一样可以赏心悦目。才情内蕴，自有一种迷人的风度。每个女人都希望保持永久的吸引力，然而外在的东西很容易改变，也容易褪色，只有拥有丰富才情的女人，才具有永久的吸引力。

第三章

发挥社交优势：八面玲珑赢得职场好人缘

女性天生会社交，因为她们天生就有很高的情商，懂得管理自己的情绪，体察他人的情绪，把握与不同人交往的分寸，拥有与不同人的相处技巧。因而，在职场交往中，高情商的女性显然比男性具有更强的社交优势，更能赢得职场好人缘。

1 出色的情商，女人天生会社交

情绪商数（英语 Emotional Intelligence Quotient，缩写为 EQ，简称情商），是一种自我情绪控制能力的指数，由美国心理学家彼德·萨洛维于 1991 年创立，属于发展心理学范畴。

情商就是管理自己的情绪和处理人际关系的能力。丹尼尔·戈尔曼在《情感智商》描述道："情感智商包含了自制、热忱、坚持，以及自我驱动、自我鞭策的能力。"总结起来，情商就是能管理自己的情绪，理解别人的情绪的需求，并能恰当地调控与他人的情绪反应的能力。

情商包括能够认识自己的情绪，并妥善收放管理情绪，当遭遇挫败时能够自我激励，善于感知他人的情绪，并表达自己的情绪，拥有人际关系的管理，善于与他人和谐交往。自我觉知、自律与同理心（理解他人的能力）是 EQ 的核心。事实证明，对于职场女性来说，情商高低直接决定了自我的幸福的指数。一个女人的情商越高，她能获得幸福感并带给他人的快乐也就越多。也就是说，职场情商越高的女性，越能在职场上定位自己的角色，并迅速融入团队，积极开展社交，建立良好的人际关系。

职场情商，也称职业情商，就是一个人的掌控自己和他人情绪的能力在职场和工作中的具体表现，更加侧重对自己和他人的工作情绪的了解和把握，以及如何处理好职场中的人际关系，促进职场交际，是职业化情商的表现。

高情商者往往拥有更为融洽的人际关系。他们善于洞察并理解别人的心态，能控制自己的情绪，设身处地为别人着想，领悟对方的感受，尊重他人的意见。他们善于人际沟通与合作，人际关系融洽，在复杂的人际环境中游刃有余。有人总结出了决定女人一生幸福的四个因素，即爱情、婚姻、职业和处世中的智慧。而这几个方面恰恰都是情商在起着非常关键的作用。通常，情商对于女人的意义比智商更为重大。

为什么女性的情商更高，更懂社交呢?

这已经是科学家们从遗传学的角度找到的答案。问题的关键在于人体细胞中决定基因的染色体。男孩与女孩的遗传差别在于，男孩在母亲那里继承了一条X染色体，而女孩则从父母那里继承了两条X染色体。带有负责社交行为的基因只有与来自父亲的那条X染色体相结合时才能启动，也就是说，只有在女性体内才能启动。过去人们一般认为，男性和女性在社交能力上的差别主要是受社会环境的影响。科学研究表明，在社交上的先天性优势就是要温顺、和蔼、容易与人相处、感情丰富且善于体谅别人等特点，这也使女性在社交场合或协同工作时表现出较强的交际能力。在研究中也发现，女性凭着天生的优势，在管理中显示出了比男人更为抢眼的性别优势。

在职场，其实我们可以轻易地发现女性的这种优势。在一个办公室里，女性往往人际关系更好，更懂得与人相处，工作上也更加出色。情商高的女人是天生的社交家。早在女孩时代起，她们就比同龄的男孩早熟，更加懂事，更受到家长的疼爱，而在她们成年以后，更以其温柔魅力在同性中营造令人艳羡的圈子；在异性面前以柔克刚，通过控制男人控制世界；同女人谈话，她总能让你感到舒服，让你的无名怒火不知不觉消失，令你身心愉悦。可见，从性别的天性来说，女性比男性有更高的情商和更出色的社交能力。与男性相比，女性有着独特的社交优势，这种优势表现在以下这些方面。

（1）女性拥有超过男性的细微而敏锐的观察力。

诗人说，男性粗犷，女性细腻；男性有时迟钝，而女性则常常敏锐。因此，女性便有了细微的观察、敏锐的直觉和较准确的判断力这样的优点。而这些优点，正是社交所必需的条件。

细微的观察力，是认识事物的第一步。敏锐的直觉往往为判断提供依据，而有了准确的判断方能制定出适当的措施。细微的观察，就是观其貌，察其神，如对方的服装打扮、言语口气、来意与目的，情绪是否好，态度是否诚，讲话是直接还是暧昧，等等。对这一切观察和感觉后，便依据对方是什么样的人就讲什么样的话，是什么样的情绪就采用什么样的方法。比如，对方是个烈性的男子，她就会用简洁而温柔的方法对付；是位唠叨的婆婆，她就会用甜蜜的言语去安抚；是位艺术气质的青年，她就会用高雅的言谈和技巧去表示……女性在这方面，具有先天的优势，再迟钝的女性，也比男性更能领会别人心中的想法、别人情绪中的含义。因为女性的情商更高，在建立人际关系方面，天赋也更高。

人际关系网是个复杂的结构，而每个人的内心世界则更是千变万化。在人与人接触的第一眼中，聪明的女性就会即刻制定出适当的“战略战术”，即如何发问，怎样回答，是攻是守，是软是硬，是速决战还是持久战等一系列链式步骤，从而抓准对方之的，射出得当之矢，去获得对方的好感，打开对方心灵的窗户。这样的女人，当然是社交高手。

（2）女性自然的柔情。

人类的社会交往，是以情感为凝聚力而支配一切的。从刚出生的婴儿到粗犷的大汉，几乎每个人都喜欢听柔情细语，看甜蜜的笑脸。因而，女性以自然的柔性产生出来的社交力量远比“钢铁”的力量要强大得多。

阴柔之美是女性美的最基本特征，其核心是温柔。温柔像春风细雨，像娇莺啼柳，像舒卷的云，像皎洁的月，更像荡漾的水。女性的温柔对男性来说，是一种迷人的美，也是一种可以被其征服的力量。一位诗人说：“女性向男性进攻，‘温柔’常常是最有效的常规武器。”温柔的女人具有一种特殊的魅力，她们不仅能博得男人的钟情和喜爱，即便是女人，对于柔情似水的女性，也难以抗拒，更何况温柔的女人本身就有一种强大的亲和力。这样的女人像绵绵细雨，润物细无声，能给人一种温馨的感觉，令人心旷神怡，让人自然而然地希望亲近。可以想象，温柔的女人想要与谁亲近、与谁交往，又有什么难呢？

（3）女性优雅的仪态。

优雅的仪态，无疑是女性的一种魅力；得体的打扮，能使女性在人们眼中留下美好的印象。所谓的“优”指的是一个人内在的品质、涵养、气度、心态所具有的完美状态，而“雅”则是一个人内心所处的完美状态的外化，是一个人优雅的举止、文雅的谈吐和高雅的形象。

优雅是一朵花，一朵圣洁的莲花，洁身自好，一尘不染。拥有优雅的女人则会由内而外散发出一种从容、高贵、圣洁的气质。一个优雅知性的女人，一个有韵味的女人，在言谈举止的细节上最能体现出来她的干净整洁，说话口气清爽；她很少大声喧哗，也不歇斯底里；她说话平静温柔，不会滔滔不绝，粗声大气，语惊四邻，争得面红耳赤；她行动适度，落落大方，走路姿态从容恬静，穿着衣饰合时宜；她待人诚恳，谦和稳重，不卑不亢；她与人交流时落落大方，温文尔雅；她聪明智慧，善解人意；她任劳任怨，爱岗敬业。这样的女人就是一个内外散着香、闪着光的气质女人，一个走到哪里都受到大家真心的欢迎、走到哪里都会很快融入进去的合群的女人，一个会建立更会保持良好人际关系的女人。

（4）女性的耐力。

男子多急躁，女子多耐心，这大概是性别的差异，是与生理和心理关系极密切的。世界上许多事情的成败都与耐力有关系。耐力，则往往是用婉转的语气、期待的眼神和“再坚持一分钟”的毅力来体现的。忍耐力强使得女性在相对单调的条件下仍能孜孜不倦地长期工作。女性的忍耐力还表现在当工作、事业面临紧急、不可预料的情况时，有时甚至比男性更坚强、清醒、冷静。女性这样的耐力，体现在职场情商中，则是对上司的怒火能静静承受的能力，对同事各种各样的出格和花样都能平静包容的能力，对客户的各种挑剔和不满都能从容忍耐的能力。这样的能力，会让她在职场人际关系中永远处于最佳的地位，永远是人际关系中的主动者。

女性普遍具有态度温柔和蔼、感情丰富且善于体谅别人的处境和困难的优势，在社交场合或工作协作中能表现出较强的人际交往能力，更能赢得别人的好感。另外，女性的记忆能力较强，有利于数字、号码、词组、地名、人名的记忆，在与人交往中，能很快地记住对方的姓名、地址、电话等一些个人情况，这是女性获得信任和交往的又一法宝。发挥女性这些先天独特的优势，每一个职场女性都会成为社交家，成为职场的赢家。

2 亲和力使女性更“合群”

亲和力最早是属于化学领域的一个概念，是特指一种原子与另外一种原子之间的关联特性，但现在越来越多地被用于人际关系领域。某人对另外一人具有的友好表示，通常就形容这个人具有亲和力，也就是一种能使人亲近、愿意接触的能力。

亲和力源于人对人的认同和尊重，很多时候，亲和力所表达的不是人与人之间的物理距离的远近，而是心灵上的通达与投合，是一种基于平等待人的相互利益转换的基础。真实的亲和力，以善良的情怀和博爱的心胸为依托，是一种发自内心的特殊秉赋和素养。

一个冷冰冰总是拒人于千里之外的人是不受欢迎的，再美丽能干也会让人敬而远之。亲和力胜过一切的美貌！具有亲和力的女性在与人谈话时总是用友善的口吻，脸上也总是保持着微笑，这样能有效消除人与人之间的隔膜，拉近彼此间的距离。在人际交往中，具有亲和力的女人不俗不媚、宽容随和、通情达理，无论何时何地都是广受欢迎的。即便是批评，有了亲和力，也会更容易让人接受。

由丽是一家化妆品公司的老总，她最不能接受的事就是凯迪拉克轿车的推销员开着福特轿车四处游说，人寿保险公司的经理自己不参加保险。自己都不使用自己推销的产品，你怎么去说服别人？所以，她要求公司的所有职员都要用自己公司生产的化妆品。

有一次，她发现职员刘菲正在使用另外一家公司生产的粉盒及唇膏，刘菲吓得赶紧收了起来。由丽走到刘菲桌旁，微笑地说道："老天爷，你在干吗？你不会是在公司里使用别的公司的产品吧？"她的口气十分轻松，脸上洋溢着微笑。刘菲的脸微微地红了，不敢吱声，心想这下该挨批了。但是，由丽并没有发火，什么都没说就走开了。

第二天，由丽送给刘菲一套公司的化妆及护肤产品并对她说："如果在使用过程中觉得有什么不适，欢迎你及时地告诉我。"

后来，公司所有的新老员工都有了一整套本公司生产的适合自己的化妆品和护肤品。由丽亲自做了详细的示范。她还告诉员工，以后员工在购买公司的化妆品时可以打折。

由丽亲和的态度，友善的口语表达，使她自然地与员工打成一片，成功地灌输了她正确的经营理念。亲和力易于消除人与人之间的隔膜，进而使传达者有效地把自己的思想传递给被传达者。

亲和力是女人与生俱来的一种优势。女性因为天性中的善良和温柔、能言善辩、热情友好以及柔弱的、不会对别人构成威胁的外表，使女性天生就有更强的亲和力，更容易获得别人的信任。女性善于发挥这一优势，能很快融入团队之中，获得大家的好感，赢得大家的信任，让自己更"合群"，从而让自己的工作更顺利，更有业绩。

清柔性格开朗，逢人就笑，很讨人喜欢。公司里有一个项目，已经拖了很久了，同事们每次谈判回来，都抱怨对方脸难看、事难办，谈来谈去毫无进展。老板无奈之下，就派清柔再去试试。

没想到，清柔在接到任务的当天就拿着签好字的合约回来了。老板乐得合不拢嘴，直夸清柔有办法。同事们都围上来，问她到底用了什么妙计。清柔笑笑，说："哪有什么妙计，就照章办事呗！"大家都不信，纷纷说："是不是不愿意传授我们啊！"清柔乐了，说："要说妙计，我就是一直在笑，不管他说什么，我都会笑脸以对。估计他们就是不能拒绝我的这一脸笑。"

老板听见后，走过来说道："没错，笑容是亲和力的表现啊！即使是再冷漠的人，看到你的笑容，心情也会渐渐好起来。心情好了，自然就投缘了，事情也就好办了。"

在职场打拼，单凭个人能力是非常有限的，如果我们想要成功或是事业有所成，就必须依靠外在的帮助，而这个外在的帮助就是好人缘。但是一个好人缘不是想有就有的，而是需要你用心去经营，首要条件就是要具有亲和力。一个具有亲和力的女性在工作中自然会有好人缘，也更易得到同事的帮助和支持。

如果想要让同事、朋友把自己当成"自己人"，让自己与大家更"合群"，就要懂得与他人的相处之道，主动让别人对自己产生好感，认同并喜欢自己，就需要拿出"亲和力"。在日常与人交往的过程中，我们应学会善待他人，尽量做到亲切和顺，让别人觉得你是个随和可亲的人，这样你更能融洽地与他人相处。只有这样的人才会把周围的人吸引到自己身边来，才会让别人认同自己，把我们当成"自己人"。那么如何具有亲和力呢？

（1）学会关心别人。

如果你期望被人关心和喜爱，你首先得关心别人和喜爱别人。关心别人，帮助别人克服了困难，不仅可以赢得别人的尊重和喜爱，而且，由于你的关心引起了别人的积极反应，也会给你带来满足感，并增强了你与人交往的自信心。

除了关心别人以外，有了困难你要学会向别人求助。因为别人帮助你克服了困难，你的心里当然就会从紧张转为轻松。这不仅使你懂得了与人交往的重要性，而且由于你的诚挚的致谢，别人也会感到愉快，这就沟通了人际之间的情感交流。

（2）对人礼貌亲切，保持微笑。

即便最小的礼貌也会激发融洽感，点燃亲密的“火焰”。比如早上到办公室时说声“早”；不能按时赶回来时，要提前和别人打声招呼；遵守关于为活动预留房间、空间、设备的规定；对小的恩惠给予一个简单的“请”“谢谢”“不客气”的回应等。在人与人的交往中，大家都喜欢和热情友善的人打交道，讨厌冷漠无情的人。

笑容是一张无言的名片，是最具亲和力的开场白。无论陌生或熟悉，灿烂一笑都会使对方放下戒备，心情舒畅。经常把微笑放在脸上，是培养亲和力的最重要一点。

（3）学会正确评价自己。

在人际交往中，你对自己的认识越正确，你的行为就越自然，表现也越得体，结果也就越能获得别人肯定的评价。这种评价对于帮助你克服自卑和自傲这两种不利于合群的心理障碍是十分有利的。

此外，人在评价别人时难免带有主观印象，结果常常因此而“失真”。比如，人们常常根据对方的一些个人资料（如籍贯、职业等）来推断此人的性格，如认为会计总是斤斤计较、小气万分的。这种错误的人际知觉，当然使你难于与人和睦相处。因此，只要你能认识到这些人际知觉中的偏见，并不为之所囿，就会更合群。

（4）善意疏导，消除误解。

同事交往中，难免有摩擦，只要不涉及原则问题，本着大事化了、小事化无的心态，展现大度、宽容，自然能强化自身亲和力。只要多沟通，说开了彼此之间就会取得理解，逐步磨合，再走向和谐。

（5）态度要谦和。

要想取得对方的信任以利于沟通，就要注意在言谈举止谦和，虚心一些，不要清高自傲、孤芳自赏，该坦率直露的地方绝不含糊其辞。谦和传达的是平易近人的态度，可以迅速拉近与对方的距离，赢得对方的好感，增加本身的亲和力。多说一些“谢谢”“请问”“麻烦你了”“打扰一下”等这些词语，这会产生让人亲近你的吸引力。

（6）学会宽容，善待他人。

俗话说：“与人方便，自己方便。”这说明利益是互惠的，即只有善待他人，他人才能善待你。彼此之间通过包涵和谅解就能进一步加强联系和沟通。这就要求我们在交往中，适当谅解和善待对方的缺点和不足，通过交谈和解释等方式向对方表示自己的好感，以了解和亲和对方。所以说，当别人有了不足，特别是有损自己利益时，得饶人处且饶人，这样才会博得别人的敬重。

（7）多说赞美话。

多夸奖、多赞美是人际交往中的“亲和剂”。适时而得体地夸赞别人，会激起别人的信心和荣誉感，别人也会因此对你产生好感。所以，聪明的女性一定是懂得赞美的女性。

（8）关注对方，注意细节。

交往中体贴对方，平时多点嘘寒问暖，会使对方感受到你亲人般的温暖。注意对方的变化，并实时地谈论一些其感兴趣的话题，他就会因此对你热情。

如果你渴望融入人群，渴望有事与人分享，那么就请运用你的亲和力去“吸引”别人。积极主动地和别人交流，让别人看到你甜美、和谐的一面，让别人和你在一起有如沐浴春风的感觉，这样，你就会如磁石一般拥有强大的吸引力，与任何人都能合得拢，从而成为职场上最“合群”、最受欢迎的人。

3 与上司交往，尺度恰当

人与人在交际过程中，都需要保持一定的距离，这个距离直观是体现在空间上的，实质却反映在心理中。任何人在处于社交状态时，都需要在自己周围设立一个能够自我把握的空间，这样的社交安全距离同样适用于职场。特别是职场女性与上司的交往，更需要把握好分寸，掌握好尺度，才最有利于自己的工作和发展。

在实际工作中，作为一名职场女性，要如何和自己的上司相处呢？既要深得领导喜欢，又要把握好这个度，该怎么做呢？上司有男有女，对不同性别的上司，我们也要区别对待。

与男上司相处，要把握好分寸和尺度，保持适当的距离，但又要与上司有良好的互动，这就要做到：

（1）工作要卖力，踏实。

作为职场女性，一定要记住，工作是你的一项核心。对于工作上的事，不能马虎，要尽心尽力地完成。要让工作能力也成为自己的一道杀手锏，就算离职了，照样有地方发挥个人的才智，也不会轻易被别人看不起。

（2）善用美貌。

在职场，由于女性的美貌，女性常常被喻为“职场花瓶”，也就是说，女性在职业发展中常常要用到“姿色”。对此，相貌平平的女性表示不屑和不忿，而特别漂亮的女性又对此话题避之唯恐不及，生怕别人把自己当成“花瓶”而忽略了自己的工作能力。其实，职场女性不要忽略“姿色”的作用，即使相貌平平也可以通过恰当的修饰彰显自己的气质和品位。对于本来就具备不错“姿色”的女性来讲，重要的是做到“媚而不妖”，让美貌成为职业表现加分的项目。如果把美貌作为一种与上司相处的资本，则本身就把自己看得低了，自尊自强的女性当然不会这样想，更不会那样做。

但打扮适度相当重要。女性上班穿着一定要整洁、得体、大方。低胸衣、迷你裙、夸张的饰物等，都是没有必要的，只会使男上司怀疑你的工作能力。在工作环境中，太浓的妆或在工作时经常补妆，有欠对男上司的礼貌，也会妨碍工作。因为你的工作又不是勾引你的上司。切记，得体的打扮是很重要的。跟随男上司外出谈判或参加有关会议，衣着更要恰当大方才好。对此，曾有公司员工有过深刻的教训。

某公司女员工 Linda 本来只是事务性秘书之一。但有一次，她穿上色调深沉并饰金纽扣的名牌职业女装，让谈判对手误以为她也是决策层中的人物之一，一定要听她的意见。男上司当时的脸色十分难看。男上司往往对“职业身份”十分看重，你的打扮要与你的职位相当，原本人微言轻，何必去讨那个没趣呢？

(3) 尽量减少与男上司独处。

有一些职业，比如秘书、会计、业务员，都要经常和自己的上司走得很近，定期或者随时汇报自己的工作。还有就是由于工作需要会随着上司经常出差，一起吃饭，一起谈判。久而久之，两个人的距离就会很近。这里，要说的是，因为工作关系，你和上司必须要这么近。除掉工作，还是拉开距离得好。尤其是与异性领导相处时，太过亲昵一定会招来别人的话柄，反倒给工作的开展带来不便，说不定还要领教办公室流言蜚语的杀伤力。特别是不要长时间与领导独处。长时间和领导独处更容易引发别人的猜疑，营造出你是领导心腹的形象，可能会卷进不必要的人事斗争当中。所以，尽量缩短这个时间。

（4）虚心求教，适度恭维。

职业女性懂得虚心请教。当上司取得了丰功伟绩的时候，他周围有的是赞美声和一张张笑脸。你如果只懂锦上添花，是不会引起上司的特别注意。因此，明智的做法是虚心请教。你可以恭恭敬敬、真心诚意地请上司分享成功经验，并直指出你应该努力的方向，如此一来你会引起上司的好感，使对方感受到你是一个虚心学习、很有发展前途的人。

俗话说："千穿万穿，马屁不穿。"恭维话永远不会让人讨厌，但是恭维话也要适度。不能一聊天就恭维，最好透过第三者去传达恭维，这种"拐个弯"的恭维方式，不仅顾全了上司的面子，更为你赢得了里子。

空闲时彼此聊聊儿女的近况总不会错。现代成功人士总是乐于展示他们贤夫良父的形象，无论他是38岁还是58岁，儿女总在他的生命中占着至关重要的位置。

（5）学会说不。

在职场中，敢于说不的女性是很勇敢，也是令人敬佩的。但是这只是少数女性。很多女性都选择了默默忍受，这样是不行的。对于上司提出的一些要求，比如一起去喝一杯咖啡，或者去看电影，有时候去旅游，或者开车出去兜风，你要选择性拒绝。遇到有些男上司，是很难摆脱纠缠的，当自己努力过、试过之后，发现还是无法摆脱，主动申请调岗，或者去分公司，或者离职都是要考虑的。

与女上司相处，也需要相当的技巧。很多职业女性会认为，与男上司不好相处，因为这个度不易把握，深不得，浅不得，远不得，近不得。实际上，与女上司相处，也一样需要把握好一个度，才能融洽自如，而且有利于自己的发展和前途。

（1）别轻易探询私生活。

私生活一贯都是女人的禁地，即便是同事之间，也不能随意打听，更别说是上司了。所以，作为下属，不论你的女上司是小姑独处还是正在热恋，私生活都不是你该问的，这一点要切记。

除非上司专门问到，否则勿向她谈起你的养颜秘方。交换美容心得是女性之间增进亲密感的秘诀之一，不过这一手法不适用于女上司和女下属之间。女上司十有八九会失去平常心，因为她为自己的晋升付出太多。

（2）留心自己的服装仪容。

男性主管大多只着眼工作能力，但女性主管却会注重你的服装仪态。如果你的着装太年轻可爱，或者领口很低太过性感，都有可能引来女主管不好的印象。女人天生心思细腻，要求入微，因此你不能轻视自己的态度举止，包括那无声表态的“上班服装”。从你的衣着，精明的女主管便能猜出你下班后的去向。如果你希望被她视为可用的专业之才，就别轻易把相亲的小洋装穿出门。

另外，几乎所有的公司都有这样的潜规则：女下属一定不要穿得比上司更高档，包括你的手包，都不能比上司更大牌、更高档。这几乎是约定俗成的规则，不要轻易打破。当然更不能穿得像她的“孪生姐妹”，穿得像女上司一样雍容华贵，是对她成就感的一样微妙侵犯，极易引起女上司的反感。

（3）热切交流但不忘分寸。

女人和女人之间总是有说不完的话题，无论是谈男人、谈家庭、谈时尚美容，或者命理甚至减肥，总之，女人之间很容易因为话题共鸣而热乎起来。但别忘了她毕竟是你的上司，如果因为几次交谈，就把对方视为可以逛街购物的姐妹淘，大大咧咧地在上班时间分享起百货公司周年庆的折扣讯息，这样只是让对方困扰：你到底是不是个有工作意愿和毅力的人？

（4）必要的尊重和关心。

不管女上司是否严肃，记住在电梯里要对她露出微笑。与男上司相比，女上司更关注你与他人融洽相处的能力，而不是你单枪匹马的业绩。

女上司生病时，记着给她打电话表示问候。登门慰问倒不必，一些从不以“素面朝天”形象出现的女上司或许并不愿意向你展露她那种病弱的形象。

4 与同事交往，距离适度

与同事融洽相处是一门艺术。作为职场女性，每天与男同事、女同事在一起工作，只有融洽相处，才更有利大家团结一心，合作共赢，更有利于自己的工作和发展。与同事的关系不能太远也不能太近，太远了当然不好，人家会认为你不合群、孤僻、不宜交往；太近了也不好，容易让别人说闲话，而且也容易令上司误解，认定你是在搞小圈子。所以说，不即不离、不远不近的同事关系，才是最难得和最理想的关系。

那么，如何与同事交往，才能既保持良好的同事关系，又不会破坏合作呢？不论是与男同事还是女同事相处，适度的距离至关重要。

异性之间的交往距离，不只是物理问题，更是心理的、社会的、影响人与人之间互动的非常深远的问题。异性同事之间的距离，是复杂又微妙的。异性同事间，本来就隔着性别的差别，再加上办公室里流言蜚语甚多，因此更应注意之间的恰当距离。女性必须发挥自己的高情商优势，灵活机敏地处理，保持一个适当的距离，才能拥有最理想的同事关系。

（1）端庄大方不轻浮。

对异性采取大方、不轻浮的态度是同异性工作交往中一个很重要的原则。其中包括行为和言语两方面。不论是行为还是言语，职场女性都要对自己有一个清晰的定位，务必做到礼仪周全又落落大方，千万不要耍些小心眼，利用男同事，造成一些暧昧的关系，这等于是在玩火。办公室里表现轻浮，打情骂俏，只会让你自讨没趣，并使男同事看不起你。

（2）在相处中寻求共同点。

男性女性生来不同，这是性别所致。聪明的职业女性懂得寻找与男同事的共同点，产生共鸣，消除性别的差异，使相处变得容易。要想达到这个目的，方法之一是挑对方感兴趣而你又有所认识的话题，例如，欧洲杯足球赛的赛情如何、车展的新型汽车有哪些、股市行情怎样等。

（3）多赞美，维护男同事的自尊心。

千万别吝啬赞美。男人总是自信天下第一、无所不知、无所不能。这种自尊心实际非常脆弱，一遇到女人威胁到他的存在，便会产生抗衡心理。所以女性要懂得在适当的时候维护一下他们的自尊，多赞美和夸奖他们。男人在得到女人的恭维之后，将变得更具自信心，更乐意奉献，更勇于付出。你对他们评价越高，他们表现得越好，还会乐于为你提供种种服务，例如开车送你一程、帮你拿资料等，使你在工作上增加一份动力。但要记住：这种夸奖要有分寸，否则别人可能误会你对他有意，而令你们尴尬。

虚心向男同事讨教，征求男同事的意见，也是提高男性尊严的好方法，因为这表示你重视他的见解和经验，令他感受到他存在的重要性。男人好强，喜欢扮演照顾他人的角色。当你征询他们的意见时，他们会觉得自己受到关注、被他人需要、被他人敬重，于是也就非常乐于提供各种意见，而他们的建议往往很管用。

但征求男同事的意见时要注意：在公司，极不适宜和男同事商量纯私人性的问题，如家庭、丈夫、男朋友的问题等，除非你和他私交相当不错。当然，诸如你想买汽车、投资股票或购买房子，又知道他在这方面有研究，就可以在轻松的情况下（如午饭、下班后）向他讨教，保准会令他觉得你有眼光而对你友善，以后也会主动向你提供意见。

（4）适时伸出援助之手。

男同事有男同事的苦恼，女同事有女同事的苦恼，他们可能会因为工作头绪繁多而忙得焦头烂额，可能会因为事业发展阻力太大而停滞不前，可能会为家庭纠纷而沮丧不已。大多数同事遇到这种情况会表现出逃避的姿态，其实，只要你说出一句“我来帮帮你”的话语，同事就可能感激不已。当他有困难时，或者大家都不敢接近时，如果你能不计利害去帮助他，他心中的感激是可想而知的。

（5）用温柔幽默的话语，化解男性的刚烈脾性。

女人娇媚和温柔的特质，在面对冲突时是最好的润滑剂。当你和办公室的男士意见不统一时，先别急得脸红脖子粗，应该保持风度，维持笑容，气定神闲，甚至可以摆出一副低姿态来促成僵局得到有效化解。大部分男人都是吃软不吃硬的，当你摆出愿意妥协的姿态时，他往往会先被你软化，妥协得比你更彻底。

（6）保持适度的距离。

作为女性，不可与男同事过于亲近，哪怕都是单身，哪怕发展成为恋爱关系，在上班时都要注意保持理性的同事距离，也就是一种不远不近、既互帮互助又不至于过分亲近的距离。这样的距离既能使上司感觉舒服，觉得这个团队团结而有力，也会让其他人舒服，大家的关系都在安全的范围之内。过于亲密或是或于疏远，都会给自己带来不便。

在工作上，女性同事，看似相处容易，实际上并非如此。因为女性同事之间不仅有各种各样复杂的关系，更掺杂了女性微妙的心理，因而要处好关系也并不容易。

（1）谨防“祸从口出”。

女同事之间相处，最重要的是要管好嘴。俗话说得好，“祸从口出”，而女性恰恰是爱说爱谈的人。如果不能管好自己的嘴，很有可能惹出祸端来，把原本亲密的同事关系破坏掉。

王欣和琳娜是好姐妹，两人是同乡，年纪喜好都不尽相同，都喜欢吃湘菜，喜欢看电影。更巧的是，两人又同时应聘到同一家公司工作。两人中午一块去吃饭，周末一块去逛街。两个人的关系越来越亲密，彼此也成了对方的心理依靠。

几个月后，王欣的销售业绩很好，职位也有所提升，作为好友的琳娜也很高兴。随着职位的升高，让王欣的烦心事越来越多。吃午饭的时候，王欣开始谈论一些同事的话题，有时候，王欣会抱怨部门其他的同事，抱怨他们拖后腿，不能完成公司的销售目标。而琳娜呢，从来不说自己的心事，只做个忠实的听众。

王欣能力突出，升职很快，把琳娜远远地甩在后面了，琳娜的心里渐渐地不平衡起来。当别人说王欣的好时，她开始有意无意地把王欣从前告诉过她的一些心事抖搂了出来。没多久，公司里就传得沸沸扬扬，说王欣小心眼，嫉妒谁，抱怨谁，讨厌谁，让王欣尴尬极了。很多人都认为王欣是个两面三刀的人，对王欣表现出不屑。王欣不得不选择了离开，而与琳娜的友谊也灰飞烟灭了。

所以想做办公室的赢家，一定要守住自己的秘密，做到守口如瓶，不可轻易地与人推心置腹。即使是你最好的朋友，也不能口无遮拦。你的口无遮拦有可能就会是你最大的把柄，祸从口出的事情，可能就在此时种下祸根了。

（2）要学会赞美。

女人通常视同性为天敌，这不奇怪。女人的敌人最终只是女人。女人吝啬对女人的赞美，女人轻蔑自己的同类。所以，若想获得一个女人的好感，适度的赞美是必要的，让她知道你是她无需设防的人，你真心把她当朋友，你不会同她争风吃醋，“鹬蚌相争”于己于人均无益处。

（3）不要盛气凌人，要平易随和。

有架子的人是人见人烦的。与其做个孤芳自赏的高傲“公主”，不如平心静气地与人谈天说地，做个善解人意的“灰姑娘”。女人，格外不喜欢倚仗容貌骄矜自己的同类。相比之下，她们更愿意接受随意、温婉、同自己一样柔和、普通的女子。

（4）少炫耀，不要处处占上风。

爱显摆，几乎是女性的通病。大多数女人和孔雀有相似之处，她们和自己的同类在一起时，都会不自觉地竞相攀比或炫耀。买了件新衣服，拎了个名牌包，谈了个男朋友，新买了车，甚至和哪个大人物见了一面，都会忍不住在办公室里炫耀一番，这其实是一种浅俗的表现。像这种有意无意地炫耀自己的优越性，显示自己的“高人一等”，或者是故意和人抬杠，显示自己高明，都容易让人反感。

（5）少唠叨，不抱怨。

还有的女性爱唠叨，爱抱怨，同事聊天时，尽是自顾自地诉说自己的琐事，也不管别人爱听不爱听，这也是招人烦的行为。所以，聪明的女人在与人谈话时，首先是个好听众，其次又能随时注意对方的反应，调整谈话内容，而不是一味自说自话，或是怨言不断。

（6）多委婉，不要言语刻薄。

做女人忌讳说长道短。有些女人“刀子嘴，豆腐心”，或许心地是善良的，但嘴巴却厉害、刻薄、得理不饶人，异性不喜欢，也会遭到同性们的孤立。

（7）千万不要做“八卦女”。

办公室从不缺少八卦，不是因为八卦源太多，而是传播八卦的嘴巴太多。八卦实在是一种无聊又讨厌的行为，是职场女性的大忌。我们可以留心其他同事八卦里的信息量，但没必要当真也不要再继续传递，让流言蜚语到你为止，这也是给自己留余地的方式。很多人想做坏事，但一个人无法完成，只好拖一群人下水。想和“脏水”保持距离，唯有对流言持以沉默，这才是聪明的做法。久而久之，女同事们也会认为你不是一个八卦的人，不会传播是非，会更觉得你可靠，更信任你。

（8）不要贪小便宜。

“捡芝麻丢西瓜”，贪小便宜会丢大局。比如在同事间因为很小的利益而争来斗去，看到菜市场上因几毛钱菜钱吵闹不休，外出时小气抠门，毫毛不拔，是难以获得同事们的好感的。

古人云："君子之交淡如水。"那么在今天，同事之间也应该做到"同事之交淡如水"，可以真诚以对，但不可推心置腹，保持恰当的距离，亲密又不失距离，这才是职场的中庸之道。

5 与客户交往，明白分寸的重要性

在职场，与客户打交道是再普通不过的事情了。对职场中的商务活动而言，客户就是你的上帝，如果客户不接受你，就意味着你的商务活动是失败的。

然而，与客户之间的距离就像放风筝，拉得太紧会让客户感到密不透气的厌烦，甚至让自己陷入危险之中；放得太松又怕竞争对手会趁虚而入，让自己的客户跑到别人那里。一天打三通电话去问候客户的公司、问候客户的家人和宠物都会让人觉得你不是在做生意而是在调查户口挖人隐私；而奉行"君子之交淡如水"的交往政策，又会让客户觉得自己的重要性不够。特别是职业女性与男性客户的关系，更是不能深不能浅，不能近不能远。如何与客户保持安全距离，真正是一门大学问。

因而职业女性掌握好与客户交往的分寸，保持一个相对安全的职场距离，才能既有利于我们的工作，又能保护自己。

(1) 与客户相处的基本原则。

与客户沟通时，尽量说实话。其实大部分的客户喜欢和诚实的人。在不违反公司原则的情况下，多从客户的角度思考问题；在公司政策允许的范围内，针对不同的客户灵活运用销售政策；多数客户都喜欢听赞美的话，使他有成就感，但赞美要适当，不能过度；客户有什么要求，不管能否办到，要尽快地给客户答复；细节有些时候也能决定成败，不要小看细节，有些客户很看重细节，所以与客户交往也要重视细节。

（2）容忍客户的抱怨。

对待客户一定要有足够的耐心。有时五分钟的谈话就足以使一个牢骚满腹，并威胁要到你的竞争对手那里去的客户平静下来，并同你签订一份新合同。

善于倾听客户的不满抱怨也是一种职业素养。认真倾听客户讲话，表现了对客户的尊重，客户也往往会把忠实的营销人员视作可以信赖的朋友而更容易被说服。营销人员不但要注重倾听，更要学会倾听、善于倾听，这将使客户关系关系变得更融洽、更和谐。很多客户气愤地诉说，并不一定需要得到什么合理的解释或补偿，而是需要把自己的不满发泄出远比提供建议有用得多。

一次，英国一家电话公司碰到了一位大发脾气的用户。他怒火满腔，抱怨说，他将要付的那些费用是电话公司敲他竹杠，还扬言要把电话线拔掉，并且要到相关部门申诉、告状。最后，电话公司派了一位最干练的“讲解员”琳娜去见那位用户。

琳娜静静地听着，让那个暴怒的用户尽情发泄，并不时地说“是的”。同时，对他的不满表示同情。就这样，那位用户滔滔不绝地说着，琳娜洗耳恭听，整整听了3个小时。

这以后，琳娜还先后去见过那位用户次，每次都对他发表的论点表示同情。前三次见面，琳娜甚至提都不提同他见面的原因。那位用户从未见到过一个人，用这样的态度和方式同他讲话，渐渐地变得友善起来。于是，在第四次见面的时候，琳娜就圆满地把这个问题解决了。那位用户所要付的费用都照付了，同时还撤销了已经向有关方面提出的申诉。

在处理客户的抱怨时，要仔细聆听，要以“客户永远是对的”为首要原则，并秉持着“三心”，即虚心受理、用心处理、耐心说明，态度要好一点、微笑要甜一点、耐心要多一点。这样的女性，一定是客户最欣赏的女性。

（3）对待客户要有一定的距离。

这个距离不是叫大家对待自己的客户不理不睬，而是要有一个距离感，不要过于熟悉。因为一旦客户和你的关系熟悉之后，就会有很多的要求，这时候你无法满足，就会影响自己和客户的关系。女性与男客户，更不能过于亲密，不能有任何超出伙伴关系以外的想法和做法，才能让自己与客户的关系更正常，更有利于工作。

（4）打扮得体，自尊自爱。

与男性客户交往，很多女性最担心的是怕受到性骚扰，担心男客户居心不轨，自己又不知道怎么应对，最为纠结。其实这个问题我们可以从最开始就防范。比如穿衣打扮，切不可随便，更不能过于时尚和性感，让客户感受到你是一个爱慕虚荣或是只注重外表的人，那么客户就极有可能会想入非非。所以女性见客户时务必着正装，举止端庄，言语得体，即便客户开玩笑或语带暧昧，也要灵活应对，表现自尊，既不得罪客户，又能让客户感受到你的自尊。这样客户才能尊重你。

（5）跟客户相处要多看少说话。

这是一个很关键的方面，因为客户和你的沟通往往都是有目的的，而你需要说的时候应该表明自己的立场，不需要说的时候要尽量克制自己。客户的每一个提问和咨询目的都很强，所以要管住自己的嘴巴。

（6）不要随便答应客户的要求。

一般很多客户会提出一些产品以外的要求，这样的情况下很多人会尽力满足客户的需求。其实这样的行动除非是公司有这样的照顾，不然自己尽量不要满足，不然时间久了，就会出现问题。

（7）学会自我保护。

俗话说得好：“防人之心不可无。”女性作为弱者，防人之心也是时刻不能少。虽说职场也讲究真诚对人、互相信任，但人心隔肚皮，谁也不知道谁，与男客户的交往也不能完全敞开心怀，毫不设防，要学会自我保护。

莎尔拉·弗罗斯特是位于休斯敦市的鲍沃斯·弗罗斯特法律公司的合伙人。她写了一篇文章，讲述了女性律师和男性客户共进晚餐时所面临的挑战。弗罗斯特在文中提到，女性律师经常为此而感到头疼，因为在美国人看来，一男一女单独用餐大多意味着约会。她们该如何掌控局面，并且向对方表明这只是一次纯公事的会晤呢？弗罗斯特提出了自己的建议：

①选一个环境合适的餐厅（不要带有浪漫情调的）。

②穿着正装。

③直接与对方在餐厅见面。

④在用餐前先说好谁付账。

⑤准备好要谈的问题，列出清单，在用餐期间讨论。

这些建议不仅对女律师适用，对女白领、女业务员都适用。在国内，业务交往中的“饭桌效应”更为明显，所以，对国内的女性员工来说还要注意与客户交往的几点：

第一，尽量不要喝酒，要保护好自己；

第二，酒局上最好有其他信任的同事；

第三，如果送客户到酒店，最好不要送到房间里面，即使进去也不能一个人，最好有同事陪同。

第四，在办公室以外的场合你可以和客户聊些轻松的话题，但不要把重心落在客户的私事上。你要了解的还是客户的公司运营情况、新项目计划、人事变动等。当客户谈论过于私密的事情时，可有技巧地转换话题，这也是间接地告诉客户，你对他的私生活不感兴趣。这样也可以避免一些不必要的骚扰。

阻止男客户的语言骚扰时，聪明的女性可以用高超的语言技巧，在既不让他伤面子、不伤自尊的状态下，让对方意识到自己的过失，戛然而止。比如岔开话题："老板，您真幽默，要是您在公司开会时也这么说，您员工工作一定很卖力！"尊称他："叔叔，您就当我是你女儿……"也可以假装没听到，继续讲自己的。一般稍有自尊的人也就无趣地不在开口了。

对有些不知趣的男客户的电话骚扰，你可以先假装没听见，故意把话岔开，继续交代你要表达的意思；或者稍加恐吓："你真幽默，我手机可是有录音的哦，抽空我把你的电话录音给你员工和你妻子一起分享，让大家都乐一乐啊！"

要是有的男客户有骚扰行为时，女性可以很有礼貌地借机离他一定的距离。要是他还不知趣地动手动脚，你可用高跟鞋狠踩他的脚，而且假装不小心踩到了说声对不起，相信他会很明白的！

(8) 与女性客户沟通技巧。

与同性的客户沟通，似乎没有那么麻烦，但是要相处融洽，而且一直赢得客户的好感却不容易。这方面，我们可以采取"温情沟通"手段来达到目的。

汉口一家服装公司的丁女士，经常利用一起购物、美容等方式，增加与女客户的交流。她会把稍微熟识一点的客户带到自己经常光顾的美发店，并介绍美发师为她做发型。修剪发型时，她拿本时尚杂志坐在客户旁，边翻杂志，边聊一些"你喜欢什么颜色的衣服""我适合穿红色"等话题，谈话间，两人不时发出欢快的笑声。做完发型，两个人基本上已经成为好友了。丁女士经常陪女性客户一起逛街、做美容。在轻松的氛围下，不谈工作，聊一些女性感兴趣的话题，更易建立友情，提升默契度，为以后的合作奠定基础。

善用"温情沟通"的女性不在少数。项丹是武昌一家四星级宾馆公关部经理，她也常在下班后和女性客户相约一起购物、健身。有时买到中意的衣服，还会相互打电话通报一声，相互分享。

事实证明，用“温情沟通”来促进与同性客户之间的关系，还是很有效的，因为女性与女性的交往会单纯许多，也容易许多。只要我们本着关心她们、服务她们的理念，真心诚意为她们着想，替她们服务，并把她们当成朋友，也一定会得到相应的回报。

总之，与客户相处，要把握好分寸，控制好距离。既融洽和睦，又不至于太亲密，才是最合适的。

6 与陌生人交往有技巧

在职场中，女性不可避免地要接触陌生人，那些人可能是自己的客户，可能是自己的合作对象等。因此，怎样与陌生人交往，怎样在首次见面的时候就赢得对方的好感，就成为职场人际交往中最重要的内容之一。处理好这一步可以使人结识很多有趣的朋友，并且锻炼自己的口才，增加自己的自信；倘若处理不好会引起尴尬，失去很多的机会。

对于职场女性而言，与陌生人交往需要注意以下几个方面。

（1）流露笑意，表示友好。

第一印象往往是交往的基石。能给人留下好的第一印象你就成功了一半！第一印象的好坏决定于初见时的第一眼感觉。而人与人初次见面时，表情就是决定好坏的主要因素。因此，第一次与陌生人见面时应流露笑对他的友好。若你没有笑容的话，会让对方感到紧张，以为你在拒绝他，自然不会与你亲近。嘴角上扬、连眼神也在笑的表情就是一种好感的表示。当你一直微笑地面对对方时，就能消除对方的警戒心。

（2）放松心情，寻找共同点。

人在紧张或恐惧的状态下，是很难顺畅、流利地表达自己的见解的，只有当自己完全放松下来的时候，妙语生花的语言才能脱口而出……

其实，在人们的日常交谈中，所谈论的话题大多没什么特别的意义，不会对彼此的生活产生什么特别的影响。据专家调查统计，甚至在最具刺激性的谈话中，也有近一半的内容是没什么意义的。所以，我们与陌生人交谈的时候，大可放松心情。只有心情处于平静状态，思想的车轮才能迅速地转动起来。与陌生人开口交谈要找共同点。如何找到共同点呢？从一个人的服饰、举止、谈吐可以看出他的心情、精神状态和生活习惯。开始谈话前首先看对方有何与自己相同之处。例如，他和你一样都穿了一双耐克气垫运动鞋，那么你可以以耐克鞋为话题开始你们的谈话。

两个陌生人相对无言。为了打破沉默的局面，首先要开口讲话，可以采用自言自语，例如，“天太热了”，对方听到这句话便可能会主动回答将谈话进行下去。

还可以以动作开场，随手帮对方做点事，如推下行李箱等；也可以发现对方口音特点，打开开口交际的局面，例如，听出对方的上海口音，说“你是上海人吧？”以此话题便可展开。

其实最好的办法是从一个话题到另一个话题地试着说，如果某个题目不行，再试下一个。或者轮到你讲话时，可讲述你曾经做过的事情或想过的事情，修整花园、计划旅行或其他已经谈过的话题。不要对片刻的沉默慌张，让它过去即可。

（3）交谈时不要环顾四周。

在别人对你讲话时，你千万不要环顾四周或者东张西望，你应该做一个好的、注意力集中的听众。如果你的听众环顾四周，你可以停下来并与他一起注视，似乎你对他发现的奇事很好奇。如果他问你在干什么，你可以说“哦，很感兴趣你在看什么”，然后继续谈话，他会明白暗示的。

（4）巧妙回答对方的询问。

开口交谈后，下一步就是如何将谈话进行下去。面对陌生人交谈时，为了松弛紧张的气氛，必须努力制造亲切的感觉。如果人家问你问题，不要简单回答“是”或“不是”，也要回问对方，让话题能够继续下去。

但被问到私人问题，比如新买衣服的价钱，除非很亲密的人，其实你没有义务为他提供有关信息。你只要回答：“我不记得花了多少钱。”

关于钱的询问通常是不合适的，应该置之不理。但是绝对不能说：“不关你的事。”但可以说：“如果您不介意的话，我想不说这件事。关于生活的费用，太让人提不起情绪……”然后改变话题。

另一个类似于窥探性的问题是：“你是干什么的？”最好在对方指明了知识领域后询问对方的工作，或在谈话是与工作相关的特殊话题。然后，你可以问：“您在这个领域中从事工作吗？”

另外，当谈话陷入吹捧时，你需要礼貌地加入自己的评论并试图转换话题。如果他给你讲关于他自己耸人听闻的故事，最好的办法是尽快找理由离开，除非你对他的讲话很感兴趣。

（5）有些时候不要说话。

不要你一个人一直发表高见，也要学习倾听别人说话。解读现场的气氛，看准时机再发言。

不要重复讲自己，不管是一遍又一遍地讲同一个故事，还是讲那些听起来有趣的细节。很多事情简单地讲述或第一次讲都很有趣，但没有任何事值得重讲。

（6）三思而后说。

几乎所有在谈话中出现的失误或错误，都是由于没有认真考虑或缺乏考虑造成的。例如，一个计算机程序员与一个文学教授共进晚餐，计算机程序员只讲技术编程语言而不讲其他的东西，那么这将是一次十分缺乏考虑的谈话。因为，即便是在工作时，也并不是每个人都愿意听到关于任何题目的冗长演讲。

多数情况下没有人提醒我们说话时欠考虑和没有考虑。只要注意听一下自己讲的话和对方的反应，就可以发现我们的不足。说话之前三思是自己的事。

如果你是个很腼腆的人，在襄会之前多花费点心思，做点实质性的准备工作，这有利于提高人际交往成功的几率。具体而言，应做到以下几点：

①花点时间思考一下，比如参加活动的目的在于什么，最佳的三个开场白问题是什么，练习一下继续对话以及结束对话的方法。

②记得一定要带自己的名片。

③可以在活动开始后再去。

④到场后扫视一下全局，拿杯饮料，放松一下。

⑤如果在活动中根本一个都不认识，那就找那些跟你一样单处的人，要自我介绍并自己已经准备的问题问出来。

⑥把大多数时间花在倾听上。

⑦关注你与之交谈的人，如果实在想观览一下全局，请放在谈话的间隙去做。

⑧至少把握住一个值得继续后续交际的机会。

⑨不要最后一个离场，可以稍稍提早些离场。

⑩要有条理，把重要的信息记录下来，并构建一个自己的联系人档案。

7 女性比男性有更好的职场人缘

正是因为女性比男性在社交上有更多的优势，也更会与方方面面的人打交道，因而女性在职场的人缘关系比男性更好。

人缘是一种潜在的财富。即使你拥有很扎实的专业知识，而且是个彬彬有礼的君子，还具有雄辩的口才，却不一定能够成功地促成一次商谈。但如果有一位关键人物协助你，为你开开金口，你的商谈就能顺利地获得成功。这种与关键人物取得联系的有利条件，就是人缘。事实上，人缘越宽广，做起事来就越方便。一个人的人际关系状况是否良好，是否有好人缘，直接影响到工作、学习、生活。女性为什么比男性有更好的职场人缘呢？除了女性天生的情商高以外，还有女性比男性做得更好的方面。

（1）善于沟通。

要有好人缘，首先要学会沟通，学会与不同性格的人打交道。善于沟通，是有好人缘的技巧之一。说话时，多说“我们”来代替“我”。对于不同性格的人，采用不同的说话方式，并注意说话的场合。沟通，可以让别人了解自己，也可以让自己了解别人，不断增进彼此的理解，减少误会和摩擦。沟通要主动，要善于沟通，根据不同的场合、对象、采取不同的方式方法。沟通与口才是紧密联系的，好口才也会更好的沟通。如何有好口才，如何善于沟通，就要多读书学习，多倾听，适当保持幽默感。

（2）良好形象。

要有好人缘，要塑造良好的公众形象。最基本的就是要修好自身，建立良好的公众形象。保持干净、整洁、大方，打扮得体。一个良好的公众形象，是有好人缘的小技巧之一。

（3）尊重别人。

对于生活在周围的每一个人，无论职务高低，年长年幼，不同性别，平等待人，以诚相待，尊重别人。做到尊重并不难，有时就是一个微笑、一句问候、一声敬称、一双善于聆听的耳朵。尊重别人就是尊重自己，才能有好人缘。

（4）换位思考。

换位思考，就是从对方的角度出发考虑，设身处地为别人着想，理解别人。你希望别人怎么样来对待你，你就怎么样对待别人。要理解和体谅别人价值取向，别人的生活习惯，别人的做事方式。多一点换位思考，少一点误解，多一些理解，多一些和谐，就会有好人缘。

（5）善于聆听。

有好的口才，不代表善于聆听。与别人对话时，学会聆听，善于聆听，听明白对方话语中的真实含义，不轻易做表态，或是发表观点。学会聆听，只有聆听了别人，别人才会愿意听你讲话。善于聆听是有好人缘的技巧之一。

（6）合作和分享。

人际交往中，多一些合作，多给对方一些支持，有团队意识，多为他人着想，自己多退几步，可以使人际关系达到和谐，保持一种平衡，合作互惠，才能共同发展，这是有好人缘的又一个技巧。女性一般喜欢与别人分享，哪怕是分享美容的体验，分享内心的看法，也是拉近彼此关系的好方法。而且多跟别人分享看法，多听取和接受别人意见，这样才能获得众人的接纳和支持，从而顺利推展工作大计。

（7）乐于助人。

只要你乐于帮助别人，别人自己也愿意帮助你。同事感冒了，你体贴地递上药丸，路过饼店顺道给同事买下午茶，这些都是举手之劳，何乐而不为？你对人好，别人对你也好，你在公司才不会陷于孤立无援之境。乐于助人，在同事或朋友遇到有求助的事情时，主动帮助，大家都会喜欢你，你也会得到更多的帮助，会有好人缘。

（8）宽广包容。

尺有所短，寸有所长。人的性格特长各有差异，处理人际关系时，不要强求一致，要求同存异、互相包容。不要过分要求人，不要强求于人。宽容厚道，能让人时且让人，能包容时就包容，这是有好人缘的技巧之一。

（9）真诚待人。

在职场不管对谁都应以真诚待人，虚伪的面具迟早会被人识破的。处事手腕灵活，有原则，但却懂得在适当的时候采纳他人的意见。切勿万事躬迎，毫无主见，这样只会给人留下懦弱、办事能力不足的坏印象。从自身做起，从身边的小事情做起，不要失信别人。别人有求于我们的事，一旦答应了就要尽力去办，因客观原因无法完成，就要向对方解释清楚。真诚和诚信是有好人缘的技巧之一。

（10）保持微笑。

微笑是人类最基本的动作。微笑似蓓蕾初绽，真诚和善良，在微笑中洋溢着感人肺腑的芳香。微笑的风采，包含着丰富的内涵。亲和的、真诚的、友善的、喜悦的、信服的微笑让我们有好人缘。用微笑扮靓自己、提升人格、感染周围。无论他是茶水阿姨、暑期练习生或总经理，你都应该无时无刻向人展示灿烂友善的笑容，这样，必能赢取公司上下的好感。年轻的同事视你为大师姐，年长的把你当女儿看待，如此亲和的人事关系必有利自己事业的发展。

（11）不搞小圈子。

跟每一位同事保持友好的关系，尽量不要被人认为你是属于哪个圈子的人，这无意中缩窄了你的人际网络，对你没好处。你应该尽可能跟不同的人打交道，避免牵涉入办公室政治或斗争，不搬弄是非，自能获取别人的信任和好感。

（12）不阿谀奉承。

只懂奉迎上司的势利眼一定犯众怒。完全没把同事放在眼里，苛待同事下属，无疑是在到处给自己树敌。只有保持自身的正直，敬上和下，融洽四方，才能拥有好人缘。

一个人事业的成功，80%是源于与别人相处，20%才是来自于自己的努力。人是群居动物，人的成功只能来自于他所处的人群及所在的社会，只有在这个社会中游刃有余，才可为事业开拓宽广的道路。没有非凡的交际能力，就免不了处处碰壁。而女性天生是社交家，具有天性的社交优势，发挥好这一优势，肯定会让自己八面玲珑，拥有良好的人际关系，从而让自己的工作也更顺利。

第四章

发挥口才优势：高超的表达技巧让女性左右逢源

与男性相比，女性似乎嘴巴要甜得多，表达能力也要强得多。能言善辩，言辞温婉，让女性天生就多了些好人缘的底子。再加上话说得恰当得体，文雅动听，更让女性在职场左右逢源，处处顺利。

1 嘴巴甜的女人，到哪里都吃香

嘴巴甜、善表达，是女人的优势。一般而言，女人天生就比男人话多，也比男人会说话。但女人也有嘴笨和嘴巧之分。那些天生巧嘴，谈吐优雅而令人愉悦，把话说得入耳入心，嘴巴上像抹了蜜一般，每一句话都能说到别人心坎上，让人听了妥贴舒坦，这样的女人，还有什么事办不成呢？

在法国有这样一位女性，不管是任何人见到她，都会很喜欢她，实际上这得益于这个女人经常说的两句话。如果你和她见面，她会很真诚、很惊喜地说："你终于来了！太好了！"对方听到这句话，感觉备受尊重，心中就十分地高兴。在谈话结束客人道别的时候，她会送到门外，很依依不舍地和客人说："你怎么就要走了，我什么时候能再见到你！"这样的话，相信没有人会不喜欢听的，当然也会喜欢上说这话的人。

会说话的女人之所以受人欢迎，并不是她们长得有多么美，而是因为她们在人前能口吐莲花，妙语连珠，把话都说到了别人的心窝里，让别人听所喜笑颜开，心花怒放，一见面就给人留下难忘的好印象，所以她们到哪里都受欢迎。

马芳芳是一位很会说话、嘴巴甜的女孩，什么样的人她都能说到一起，什么样的坏脾气人都能被她说得眉开眼笑，因而她的销售业绩总是最好的。

有一次，马芳芳去拜访一位准客户，这个客户有一张很大的单子。但是他的脾气很怪异，他的头发很少，几乎全秃，但是他偏不服输一样把仅剩的几根头发留得很长，然后从左边搭向右边，力图遮住他的秃头。悲剧的是越是这样越显得他的头发稀少秃头难看。正因为如此，他很忌讳别人谈到他的头发。

但马芳芳并没有忌讳，而是在说话间很真诚地说："我觉得您的头发真不错啊！"客户脸上立即有了愠色，但马芳芳接着说："我爸爸也是这样的头发，但是怎么也梳不出您的这种效果呢。您是怎么梳的？我回去也让爸爸学学。"客户听了哈哈大笑，一下子拉近了两人的距离。这一个大单她又拿到手了。

嘴巴甜、会说话，任何时候说话都不说绝对，给自己留点余地的职业女性，是不用愁人缘不好的。因为这样的女性到哪里都会受到欢迎，到哪里都能把人缘处好，把事情做好。

嘴巴甜的女人初次见面就会找到最能打动人的话题，而绝不是"你吃饭了吗?""今天天气好吗?"而是从对方有可能感兴趣的地方开始谈起。

"最好的方法是以对方作为话题，如服装、发式、化妆等，尤其是初次见面的人都很想知道别人对自己有何观感。"这也是一位在社会上工作十几年的女士的切身体会。比如，一位女子见到你就对你说："你在 哪里烫的头发？真漂亮，这个颜色非常适合你的皮肤和脸型。"你一定会对她心存好感。

会说话的女人说出来的话总是能让人高兴地接受，听着心里也舒坦，因而肯定会更受别人的欢迎。会说话其实也是一个女人学问、修养、聪明、才智的流露，是女人气质的来源之一。与人交谈，既有思想的交流，又有感情的沟通，语言贫乏、枯燥无味、粗俗浅薄都会使人感到厌恶。

假如女人的谈吐既有知识、趣味，又有丰富的表情和优美的声音，将会达到意想不到的效果。而不管说什么样的话都能说得委婉动听、入耳入心，就更让人高兴和舒坦了。

比如，两个女人说同样一件事。其中一个说："她皮肤很白，但是长得太胖了。"另一个则说："她很胖，但是皮肤很白。"假如这两句话是说你的，你更喜欢哪一种说法呢？

可见只要稍微改变一下说法，即可产生完全不同的效果。例如，两位女子坐在那里喝咖啡，这时凑巧进来了一位演员，其中一位悄悄地说："嘿！你快看！那不是某某吗？"另一位答曰："真的！不过比电视上难看。"如果她换一句话，说："嗯，还是电视上的她比较好看。"这样听起来是不是感觉更舒服呢？

再比如，有个同事正忙着工作，你正好有事找她，她却不耐烦地说："哎呀！讨厌！我忙死了！"这时，你千万不要与她争吵，你可以说："啊！对不起，我正好没有什么事，如果您有事，尽管吩咐……"在那一瞬间，你的这句回答必可缓和紧张的气氛，对方也会感觉自己说话太过分。她必会道歉："真抱歉，我对你实在太不客气了。"

同样的话，在会说话的女人嘴里，就是一颗甜丝丝的糖果，而到了不会说话的女人嘴里就会变成一把伤人的刀。所以，会说话是一种能很重要的能力。

在职场，嘴上抹蜜、巧言如花的女人，大家当然更乐于接受她，更喜欢她。她要办的事，别人自然也就乐于去办，工作自然也就会更顺利。

小丽是一位超市推销员。有位女顾客想买一瓶美容霜，但嫌贵。小丽员看出了她的犹豫，就说："这一瓶60元，的确不便宜。不过，它能用大半年呢。照这样算的话，您每月只需花

10元钱，每天只花3毛多钱，还比不上一只冰淇淋呢！这可是太便宜了。”这位女顾客点了点头，一边掏钱一边直夸道：“姑娘真会说话。”

你看，几句话就把犹豫变成了行动，一笔生意就成了。这就是会说话的魅力。

对于职场女性而言，这种会说话的优势还可以发挥在很多地方。比如，在谈判桌上，虽然是唇枪舌剑，你来我往，但只要掌握了说话的技巧，也会无往而不胜。比如，在人际交往中，嘴巴越甜越逗人喜欢。在职场中，你要是能发挥自己的口才优势，擅长“美言”，每一句都能说到别人的心窝子里，让别人全身的每一个毛孔都舒坦，那么，你做任何工作，开创任何事业，都不再是难事了。

2 温柔甜美的声音足以打动人心

女人的声音也是有气质的。“声音是女人裸露的灵魂”“声音是女人的第二张脸”，温柔甜美的声音，足以打动任何人的心，使他们喜欢上这样的女人。

邓丽君，这是一个在20世纪80年代初，内地人都会记住的女人名字，这个女人的声音影响了一代人。邓丽君的声音甜美、清新，脱去了俗尘。邓丽君几乎是那个年代美丽女性的象征，她的声音，会让人们浮躁和迷惘的心得到舒缓平静，甚至于沉溺其中，忘记一切世俗的繁荣。所以，邓丽君才会成为整整一代人心中永恒的女神！

生活中，女人的声音常常比思想更重要。一个声音好听的女人，容易被周围的人接受，即使她还稚嫩，人们会说她纯真、可爱；而一个声音难听的女人，尽管很有头脑，也难让人有好感。好的声音、语气和语调给人以亲切、热情、友善之感，从而更能得到别人的信任，让工作更顺利。于是声音也成为了女人的职场优势。

靳羽西的声音比较低沉，但柔和耐听，让人感觉很舒服。“这是我的朋友们对我的评价，所以当我偶尔恶作剧，突然用一种尖锐的声音说话时，大家都惊呆了——这样的声音不美吧，所以要训练一种动听的声音。”靳羽西在她的《魅力何来》中，也特别谈到声音是有魅力的。羽西告诫女性说，在讲话时要尽量把声音压低些、再低些，这样才会显得很有教养、有魅力，才能赢得别人的信任和尊重。靳羽西的巨大成功，也与她的充满魅力的声音密不可分。

女人失去声音的魅力，就如失去女人的特征。所以，女人要学会保养自己的这第二张脸，修炼温柔甜美的声音，让这张脸也圆润晶莹起来，使自己更具魅力。这对于发挥自己的口才优势也是相当重要的。

可不要以为靳羽西以前就是这个嗓音，这可是她用每小时500美元的代价，请人专门训练出来的。靳羽西在电话机上专门安装了一个测试仪，用来显示说话时的音量，每天都有意识地训练自己的声音，慢慢地，才形成了她现在这样的说话方式。在日常生活中，要时刻提醒自己注意说话时的语音语调。

很多女人懂得打扮，懂得穿衣，懂得用香水，懂得学习礼仪，却不懂得善用声音，不懂得怎样去爱惜自己的第二张脸。穿着讲究品位，待人接物也得体，但就是一张口，声音沙沙的，动不动就大声地无所顾忌地讲话，也不讲究语速和韵律，语调夸张而“老娘们气”，就像一个包打天下的俗气女人，缺少女性特有的温柔与甜美，形象立时打了折扣，给别人的好印象马上灰飞烟灭，原本甜美可人的形象立刻荡然无存。即便你口若悬河，滔滔不绝，说得天花乱坠，也很可能是让人讨厌的噪音，难以卒听，惹人讨厌。这样的话，你的口才再好，又如何算得上是优势呢？很多女性还不知道，这样的声音已经把自己口才的优势削弱殆尽了。试想一个绝色美女却有副又沉又哑的声音，又或是在高八度的大分贝惊叫，可能你再也不会认为她有多美了。

要拥有温柔甜美、沉稳动听的声音，必须注意节奏感、音量和说话的速度、音调的高低变化。如果你在和别人讲话时始终保持同一个音调，就会使听的人昏昏欲睡，打不起精神，自然也就达不到讲话的目的。即使内容再精彩也不会引人注意，还可能使别人不乐意与你交往。

要懂得修饰你的声音。别太娇，那样显得情色、暧昧；别太尖，那样显得浮躁、匪气；别太响，那样显得没修养，又很老气；别太急，那样显得咄咄逼人，没气质。有魅力的声音是清亮的，柔和的，甜美的，动听的。

口齿清楚，不要有太多的尾音，每个音节之间要有恰当的停顿。声音太大了会让人反感，让人感觉是在装腔作势；音量太小会使人听着费劲，误以为怯懦。一般要根据听者的远近，适当控制自己的音量，最好控制在对方听得见的限度内。

说话速度，应追求一种有快有慢的音乐感。可以放慢速度强调一些主要词句，在一般内容上稍微加快变化。单调如一的声音，如同催眠曲，令人厌烦。随着内容和情绪的变换，说话的音量和音调也应该发生变换，时而侃侃而谈，如淙淙流水；时而慷慨激昂，似奔泻的瀑布。在不同声音段里，要有高潮、有舒缓、有喜忧，才能引人入胜，扣人心弦。一般演说家的秘诀是：巧妙地利用嗓音来加强语言效果。优美的嗓音富有磁性，具有声乐感，一开口就能吸引住对方。

要做到这些，我们应该像训练形体一样去训练声音，让声音甜美起来，动听起来，也让口才的优势增大起来。

（1）鼻音、低语和尖嗓音纠正法。

要想清除鼻音或尖嗓音这两种语言障碍，使自己具备像天鹅绒一样光滑润泽的胸腔共鸣，必须先努力克服生理上的肌肉紧张。而其中最为主要的是：要学习松弛下颚、舌头，解放喉咙和口腔，使声音能由此传出，而无需被迫从鼻腔逃出来。

面对镜子观察自己，尽管你的舌头也许能做出拱起、卷曲、后退、旁伸等种种动作，但你不一定能做到让它彻底放松地卧在口腔底部。这一点大多数人都做不到。你对待舌头，得像对待一只未曾受过训练的小犬一样，要耐心引导。你要默默地对它说："舌头，趴低一些！放松一点！"

当下颚和舌头都得到放松了，再说："啦、啦、啦、啦、啦。"就像你是在牙牙学语，这时，你紧张的感觉会烟消云散。

对办公室女性来说，说话声音过高是一种危害性极大的障碍。不仅会因此令人烦躁，也使你缺乏权威感。而女性的高音更糟，听上去就像是粉笔划过黑板时的刺耳声音。

怎样才能降低声调呢？要想知道自己的音调究竟能降低到什么程度，可以把手掌平压在锁骨下的胸膛上，然后发"啊——"的音，同时就像下地窖一样，逐级把声音降低到最低点，体会声音降低时，胸腔震动的不同感觉。

剪几张纸，写上醒目的大字，最好是用鲜艳的红墨水，纸上写着"低"这个字。然后把它们分别贴在办公室内、电话机上、梳头刮脸时用的镜子上、书桌面上或日记本里，提醒自己时刻想到降低声调。

在交谈中也要想到"低"字。如果你经常使用电话交谈，可以手持一支铅笔，与嘴唇保持 40 厘米的距离，高度与膝、腰或桌面相同均可，然后向下对着铅笔，用降低的声调说话。

（2）沙哑嗓音改良法。

各种各样对嗓子的刺激都可能导致沙哑和喉炎。说话用力过度就是其中之一，这常常是由于急躁或在嘈杂的环境中竭力让别人听到自己的声音而造成的。

此外，神经上的紧张，用力咳嗽，大笑和不停地清嗓子都可能使嗓子用力过度。如果在这些情况下观察喉咙，你会发现声带已经从正常的白色变为红色了，因为你迫使两片声带彼此互相摩擦。

好一些的办法是：喘气，然后轻咽唾液。这里有一个练习：我们经常能看到狗趴在地毯上，下巴松弛，吐出舌头不停地喘气。你也学着这样做，先打呵欠，直至使自己感到咽喉畅通，口腔、舌头都松弛起来，然后用喉咙和口腔轻缓流畅地呼气吸气。吸进呼出，吸进呼出，你能感觉到清凉的空气流过舌头，进入气管，再循环而回，这时，气流就把声带上的黏液拂去了。这个练习会使喉咙干燥，因而做完之后必须吞咽口水。

（3）语速不当的调整法。

做几张纸条，把它贴在诸如电话机之类能引起自己注意的地方。上面写着："慢，勿跳跃！"要求把每一句话里的词语清楚连贯地说出来。

同说话太快的人相反，还有一些人说话永远使用"慢档"。这样的人就必须学会如何让说话速度和具体情景相适宜，同时又不丧失语言清晰度和说服力。

无论是说得太快，还是说得太慢，都可以改正过来。

说话的速度没有必要像子弹一样迅疾，也不必像河马那么迟钝，既不要太快也不要太慢，重要的是让语言流畅自如。

（4）累赘成分消除法。

"哦"和"你知道'，一样都是语言中毫无意义的累赘成分，只不过是添入了些增加停顿的声音。除此之外，还有一些大家常见的累赘成分：如"现在""据说""那么""你知道我的意思""你懂吧""等等、等等"之类，以及喘息、碎嘴、清嗓子和哧哧发笑。这些都需要自我约束去改掉。

经过不断练习，你也可以拥有甜美柔和的声音，拥有一副优美动人独具魅力的好嗓音，为你的口才添色。

3 表情恰到好处，为话语增色

人的表情主要有三种方式：面部表情、语言声调表情和身体姿态表情。人的面部表情主要是指眼、眉、嘴、鼻、面部肌肉的变化以及对它们综合运用反映的心理活动和情感信息。表情从字面上讲即人表现出来的情绪，通常它和神态一起运用，来形容一个人通过脸部微妙的活动反映出内心活动。

表情是最丰富的非语言词汇。它生动而且充分地展现出人类所具有的全部情感，譬如快乐、兴奋、喜悦、激动、忧郁、恐慌、失望、气恼、愤怒、悲伤、哀痛、自信、自卑等，同时，表情还能把人们的悲喜交集、爱恨交加、喜忧参半等一些复杂的心态表现得淋漓尽致。

聪明的女人不仅话说得好听，说话时的表情更是丰富而恰当，喜怒哀乐都与自己的话语息息相关，每一个细微的表情都与表达的语言配合得丝丝入扣，因而更能为话语增色，为口才添彩，从而把自己善于表达的优势发挥到最大，让最棘手的事情也变得非常容易，就能处理得非常圆满。

美国经济大萧条时期，19岁的索菲娅很幸运地在一家高级珠宝店找到了一份销售珠宝的工作。这天，店里来了一位衣衫褴褛的青年人。只见那人满脸悲愁，双眼紧盯着柜台里的那些宝石首饰。

这时，电话铃响了，索菲娅去接电话，一不小心，碰翻了一个碟子，有六枚宝石戒指落到地上。她慌忙拾起其中五枚，但第六枚怎么也找不着。此时，她看到那位青年正慌忙地向门口走去。顿时，她意识到那第六枚戒指在哪儿了。当那青年走到门口时，索菲娅叫住他，说："对不起，先生！"

那青年转过身来，问道："什么事？"

索菲娅看着他抽搐的脸，一声不吭。

青年又补问了一句："什么事？"

索菲娅这才神色黯然地说："先生，这是我的第一份工作，现在找工作很难，是不是？"

那位青年很紧张地看了索菲娅一眼，抽搐的脸才慢慢浮出一丝笑意，回答说："是的，的确如此。"

索菲娅说："如果把我换成你，你在这里会干得很不错！"

终于，那位青年退了回来，把手伸给她，说："我可以祝福你吗？"

索菲娅也立即伸出手来，两只手紧握在一起。索菲娅仍以十分柔和的声音说："也祝你好运！"

那青年转身离去了。索菲娅走向柜台，把手中握着的第六枚戒指放回原处。

这原本是一起盗窃案，按照人们一般的处理方法，不外乎大喊大叫，设法抓住偷窃者。而这位索菲娅却用同情的面部表情和尊重的语调，说服了小偷，让他自己主动归还了戒指。

试想一下，如果索菲娅非常恼怒地呵斥小偷，能有这样的结局吗？绝对不可能。说不定她还会为此受到伤害。所以，有时候，表情与说话的方式至关重要。

一般来说，面部各个器官是一个有机整体，协调一致地表达出同一种情感。当人感到尴尬、有难言之隐或想有所掩饰时，其五官将出现复杂而不和谐的表情。

眼：眼睛是心灵的窗户，能够最直接、最完整、最深刻、最丰富地表现人的精神状态和内心活动。它能够冲破习俗的约束，自由地沟通彼此的心灵，能够创造无形的、适宜的情绪气氛，代词汇贫乏的表达，促成无声的对话，使两颗心相互进行神秘的、直接的窥探。眼睛通常是情感的第一个自发表达者。透过眼睛可以看出一个人是欢乐还是忧伤，是烦恼还是悠闲，是厌恶还是喜欢。从眼神中有时可以判断一个人的心是坦然还是心虚，是诚恳还是伪善：正眼视人，显得坦诚；躲避视线，显得心虚；乜斜着眼，显得轻佻。眼睛的瞳孔可以反映人的心理变化：当人看到有趣的或者心中喜爱的东西时，瞳孔就会扩大；而看到不喜欢的或者厌恶的东西，瞳孔就会缩小。目光可以委婉、含蓄、丰富地表达爱抚或推却、允诺或拒绝、央求或强制、询问或回答、讥讽或同情、企盼或焦虑、厌恶或亲昵等复杂的思想和愿望。眼泪能够恰当地表达人的许多情感，如悲痛、欢乐、委屈、思念、温柔、依赖等。

眉：眉间的肌肉皱纹能够表达人的情感变化。柳眉倒竖表示愤怒，横眉冷对表示敌意，挤眉弄眼表示戏谑，低眉顺眼表示顺从，扬眉吐气表示畅快，眉头舒展表示宽慰，喜上眉梢表示愉悦。

嘴：嘴部表情主要体现在口形变化上。伤心时嘴角下撇，欢快时嘴角提升，委屈时撅起嘴巴，惊讶时张口结舌，愤恨时咬牙切齿，忍耐痛苦时咬住下唇。

鼻：厌恶时耸起鼻子，轻蔑时嗤之以鼻，愤怒时鼻孔张大、鼻翕抖动；紧张时鼻腔收缩、屏息敛气。

面部：面部肌肉松弛表明心情愉快、轻松、舒畅，肌肉紧张表明痛苦、严峻、严肃。

一般而言，女人较之男人来说，感情更为细腻、敏感。所以，女人一定要善于运用你的表情，来增强说话的效果。比如，当谈到对方遭遇到的不幸和灾难时，应当自然地流露出同情、关心和安慰的情态；当谈及对方的时候，就应当适时流露出喜悦和欣慰的情态等。一个人说话的表情和语调是很关键的。你的同情和关心、厌恶和鄙视、信任和尊重、原谅和理解、容纳和排斥、愤怒和反感、欣慰和喜悦等，都会难以掩饰地从面部表情以及你说话的声音中暴露出来。如果这样，即便你嘴里说着多么温柔甜美、入耳动听的话语，也不会有人相信，更不会有人听进心里，即便是盲人也会从你的声调中听出你话语背后的含义，也会为你的漫不经心、自以为是或是一脸鄙夷而愤怒，你再美妙的话语也不会起到任何作用。只有用对了表情，才能为你的话语加分。

4 委婉含蓄，批评的话也能说得动听

无论在什么场合，委婉的措辞永远比直接的批评和教育更能让人接受。粗暴的责备有时并不能解决问题，相反，利用委婉的批评来使他人改掉毛病，则能收到事半功倍的效果。即便所有的人都明白“良药苦口”“忠言逆耳”的道理，但毕竟爱喝苦药、喜欢逆耳的人少之又少。聪明的女人懂得“忠言也要顺耳”，所以，会把“良药”裹上糖衣，抛给对方，让批评的话也能说到对方的心里。

方方是一家商场的服务员。一天，商场里在搞儿童玩具促销活动，柜台前挤满了顾客。这时，一小孩子伸手抓起一件玩具就跑。不一会儿，小孩连同玩具被有关人员带了回来。这时，围上来许多顾客，他们既为小孩担心，又想看看服务员到底如何处理这件事。

小孩拿商场的东西，多半是不懂事，这种情况如果说重了，怕小孩自尊心受不了，周围人也容易打抱不平；不说吧，毕竟商场有规定，而且小孩子养成这样的习惯也不好。

这无疑是个难题，方方思考片刻，面带微笑地走到小孩身边，拉起小孩子的手温和地说："小朋友，你喜欢这件玩具吗?""喜欢。"小孩答。"小朋友自己拿玩具好不好?""不好。"小孩子不好意思地低 下头。"对了，以后小朋友喜欢什么玩具就告诉阿姨，阿姨给你拿，好吗?""好。"小孩子高兴地回答，把玩具交给了方方。

这件本来很棘手的事，方方处理得很巧妙、很精彩，她用亲切委婉的话语既要回了所丢失的商品，又维护了小孩的自尊心，还不失时机地对孩子进行了一番教育，赢得了周围顾客的好评。这样含蓄委婉的批评技巧，相信方方以后的职场之路会走得更顺。

委婉实际上可以说是一种修辞手法，即在讲话时不直陈本意，而是用委婉之词加以烘托或暗示。因为给人留有回旋的余地，因而就更有吸引力、说服力和感染力。会说话的女人通常都会用这种方式来批评和说服别人，而不是直通通地实话实说。她们无论是工作还是生活中，都会表现得非常出色，处处受欢迎，因为她们即便批评人也能委婉指出，即便是遇到一些棘手的问题，她们也能巧妙化解。

一天傍晚，正逢下班高峰期，公交车上拥挤不堪，而这时又上来一位抱小孩的妇女。售票员吴琼像往常一样对乘客喊道："请哪位同志给这位抱小孩的女同志让个座？谢谢了。"也许是太拥挤了，她连喊两次，仍无人响应。

吴琼就站起来，用期待的目光看了看靠在窗口处的几位青年乘客，提高嗓音说："抱小孩的女同志，请您往里走，靠窗口坐的几位小伙子都想给您让座儿，可您得先过去。"

话音刚落，"呼啦"一声，几位小伙子都不约而同地站了起来让座。这位女同志选了一个座位坐下之后，只顾喘气定神，忘记给让座的小伙子道谢，小青年面有冷色。

吴琼看在眼里，心里顿时明白，她忙中偷闲，逗着小孩说："小朋友，叔叔给你让个座儿，你还不谢谢叔叔。"一语提醒了那位妇女，连忙拉着孩子说："快，谢谢叔叔。"那位小青年听到小孩道谢，忙笑着说："不客气，不客气。"

许多人把面子看得比什么都重，所以，会说话的女人就算批评别人，也懂得给别人留面子，不揭穿他人的谎言，不伤害别人的自尊。人们都有一时冲动、做错事、说错话、得罪人的时候，如果以牙还牙只会使事态变得更严重。不妨给对方一个台阶下，委婉含蓄地指出对方的错误来，反而更能使对方产生愧疚感，自动改正错误，悄然达到目的。

下课了，叶可心同学来向李雪老师反映，昨天她爸爸送给她的生日礼物一支黑色派克钢笔不见了。李雪老师巡视了一下全班同学的表情，发现坐在这位同学旁边座位上的学生神情惊慌，面色苍白。

李雪老师明白了一切，但如果当面指出，不仅没有证据，还会伤害这位同学。于是，她想了想说："别着急，肯定是哪位同学拿错了，黑色的钢笔实在太多了，互相拿来拿去是经常发生的事。只要等会儿他看清楚了，一定会还给你的。"果然，下课以后，叶可心就发现自己的钢笔又回来了，不禁感叹老师真是料事如神。

谎言，直接戳穿并不是最好的办法。批评，也并不是一定要伤害别人的自尊心。越是含蓄委婉地指出来，反而越能让受批评的人心怀感激，心服口服，更容易接受批评。

一般来说，女性比男性更能将心比心，站在别人的角度来考虑问题，因而对于错误的处理也更小心谨慎，更能体会犯错者的心。因而她们也更会去保护犯错的人。这其实也是为什么女性指出别人的错误会更委婉的原因。只有这样才能把话说到别人心坎里去。如果不能根据交际对象的心理，选择恰当的语言形式，话一出口先挫伤他人的自尊心，必然引起对方的不快，甚至争吵。换一种表达，换一种委婉的方式，一切就会不同。

一位顾客来到一家百货公司，要求退回一件外衣。她已经把衣服带回家并且穿过了，只是她丈夫不喜欢。她辩解说“绝没穿过”，要求退掉。

女售货员饶云检查了外衣，发现明显有干洗过的痕迹。但是，直截了当地向顾客说明这一点，顾客是绝不会轻易承认的，因为她已经说过“绝没穿过”，而且精心伪装了没有穿过的痕迹。这样，双方可能会发生争吵。

于是，机敏的饶云说：“我很想知道是否你们家的某位成员把这件衣服错送到了干洗店去。我记得不久前我也发生过一件同样的事情，我把一件刚买的衣服和其他衣服一起堆放在沙发上，结果我丈夫没注意，把这件新衣服和一大堆脏衣服一股脑儿塞进了洗衣机。我怀疑你是否也遇到这种事情——因为这件衣服的确看得出已经被洗过的明显痕迹。不信的话，你可以跟其他衣服比一比。”

顾客看了看证据知道无可辩驳，而饶云又为她的错误准备好了借口，让她保全了面子——说可能是她的某位家庭成员在没注意的情况下，把衣服送到了干洗店。于是顾客顺水推舟，乖乖地收起衣服走了。一场可能的争吵就这样避免了。

委婉的语言来源于语气，尤其是虚拟语气。比如，“你帮我把上月的账结了！”改进为“如果你有空帮我把上月的账目结算下就好了！”学会在适应的场合运用虚拟语句，可以表现你对听者的尊重，让对方很舒服。由于虚拟语气包含了征询对方意见在先，就具有委婉恳切的态度，所以更容易让人接受。聪明的女人一定要懂得这个道理。

批评在日常生活中是难免的，工作中更是经常发生。因批评不当，闹别扭，结怨，甚至影响工作，都是常有的事，因此有必要注意一下批评的技巧。请牢牢把握住以下几点。

（1）要简短、明确地当场指明。

无论是提醒还是批评，都应在发现对方做出了不正确的举动时，当场或尽早对其进行批评。而一旦时过境迁，即便向其指出“那时的那种做法是不正确的”，对方也会因缺乏真实感而只是心存反感地一听了之，其教育效果会大打折扣。

（2）不要在众人面前进行批评。

在众人面前提醒或批评某人的话，会对其自尊心造成伤害，从而造成对方难以爽快接受的相反效果。此外，也会使其身边的人对今后如何接触对方而深感困惑，或对其产生不快的想法。所以，请尽可能地在没有外人在场时对其进行一对一的批评教育。

（3）不要过于情绪化。

人一生气就会怒上心头，变得容易情绪化。但是，如果在批评别人时情绪过激，那么再有理有据的言语也会显得欠缺说服力。因此，在批评对方时自己首先要冷静，并将应说的内容事先归纳好。

5 分清场合，不该说的绝对不说

说话要注意场合。不看场合，随心所欲，信口开河，想到什么说什么，这是“不会说话的人”的一种拙劣表现。聪明的女人在不同的场合，面对着不同的人，不同的事，从不同的目的出发，就应该说不同的话，用不同的方式说话，这样才能达到理想的言谈效果。

一位湘籍著名歌星应邀到长沙做嘉宾，主持一个义演节目。她手持话筒，朗声说道："那次在中央电视台举行青年歌手大奖赛，我给'娘屋里'的参赛选手打了最高分，下次'娘屋里'的伢子到北京参赛，我还要给他们打最高分。"

这话若是在私下场合对"娘屋里"的人说说私情乃人之常情，而在这义演的严肃场合，说的又是严肃庄重的大奖赛评选打分的问题，如此偏重于"情感"而疏于"理智"的话语就不无失体之嫌，这样的话显然与自己主持人的身份不符。人们不禁会产生这样的疑问：作为评委，难道就是这样作裁判，这样为选手打分的吗？其公正何在？

要恰当地把握说话的时机和场合。适时说话，人们才会乐于听取；在不同场合，根据具体情况来选择说话还是不说话，以及用什么方式说话，"言而当，智也；默而当，亦智也"。正所谓"时然后言，人不厌其言。"不分场合，张口就来，肯定收不到理想的效果。只有那些懂得自己的优势，并且善于发挥自己优势的人，才最明白什么时候该说，什么时候不该说，什么时候该说什么话，什么时候不该说什么话。因而，不管人前人后，她们都是最受人景仰的人。

英国女王维多利亚，与其丈夫阿尔伯特相亲相爱，感情和谐。妻子是一国之君，整天忙于公务和应酬，而丈夫却不太关心政治，对社交缺乏兴趣。有一天，女王忙完公事，已经深夜了，她回到卧室，见房门紧闭，就敲起门来。

问："谁？"

答："我是女王。"门未开，再敲。

问："谁？"

答："维多利亚。"门未开，再敲。

问："谁？"

答："你的妻子。"门开了，维多利亚走了进去。

女王回到家里，场合改变了，她就不再是女王，而是一位妻子。在宫廷上对着王公贵族说话是一种情形，回家说话应该是另一种情形。

不论什么时候，什么场合，说话时都要注意说话的分寸。没有考虑周到的话，最好不说。说话注意分寸，要做到慎言、忌口，同时还要注意说话的场合、地点和说话的对象，不要不管三七二十一，乱说一通，这不仅会让自己形象大减，魅力全失，甚至还会毁了自己的生活。

一句话断送了一条正值青春韶华的生命，实在令人惋惜。如果娜佳注意场合，在这样重要的时候，别这样任性，别这样口无遮拦，或许一切都不会发生。

说话看场合，要把握好以下几点。

（1）自己人场合和外人场合。

中国文化传统一向是重视内外有别的。对自己人"关起门来谈话"，可以无话不谈，甚至可以说些放肆的话，什么事都好办。而对外边的人，总怀有戒心，"逢人只说三分话，未可全抛一片心"。求人办事，一般是公事公办。因此，遵循内外有别的界限谈话，社会上认为是得体的，违反这一界限，便被认为是"乱放炮"，说话不得体了。

（2）正式场合与非正式场合。

正式场合说话应严肃认真，事先要有所准备，不能乱扯一气。非正式场合下，便可随便一些，像聊家常一样，便于感情交流，谈深谈透。有些人说话文绉绉，有些人讲话俗不可耐，就是没有把握正式场合与非正式场合的界限。

（3）庄重场合与随便场合。

"我特地来看你"，显得很庄重；"我顺便来看你"，有点随随便便看你来了的意思，可以减轻对方负担。可是，在庄重的场合说"我顺便来看你”就显得不够认真、严肃，会给听话者蒙上一层阴影。在日常生活中，明明是“顺便来看你来了”，偏偏说成是“特地看你来了”，有些小题大做，让对方增加心理负担，对方或许就会因此而不帮助你了。

（4）喜庆场合与悲痛场合。

一般来说，说话应与场合中的气氛相协调。在别人办喜事时，千万不要说悲伤的话；在人家悲痛时，不要说逗乐的话，甚至哼民歌小调，否则别人就会说你这人太不懂事了。

说话有“术”，“能说会道”是一种本领。古语有“一语千金”之说，也有“妙语退敌兵”之事，“三寸之舌可敌百万之师”，会说话、说对话，对于职场女性而言，就是一种非常重要的能力和优势。

6 恰当的赞美，让你更受欢迎

人人都渴望得到赞美。美国心理学家威廉·詹姆斯说：“人类本性上最深的企图之一是期望被赞美、钦佩、尊重。”希望得到尊重和赞美，是人内心深处的一种愿望。社会中的每一个人都喜欢被赞美，因为那是对自己的肯定；每一个人都不喜欢遭贬斥，因为那是对自己的否定。正如一位学者所说的：“赞美是所有声音中最好听的一种。”

美国哈佛大学的专家斯金诺做了一项实验研究，结果表明：连动物的大脑在收到鼓励的刺激后，大脑皮层的兴奋中心也会开始调动子系统，从而影响行为的改变。何况，人类为万物之灵，更期望和享受欣赏。

一位日本的社会心理学家说过："人们对你赞誉、表示佩服或敬意时，除非显而易见地是溜须拍马，即使是应酬话，你也觉着舒坦。可是，听到他人对你不中听的批评言语时，即使他没有恶意中伤，而且有部分符合实际，你也可能长期对他反感。"

这位心理学家的话恐怕不仅是对日本人说的，在一定程度上，说出了人对待赞许和批评普遍的态度。中国也有相同的经验之谈，不过言简意赅，没那么具体。"多栽花，少栽刺"就是这方面既直接又深富哲理的良策警语。

而会说话的女性都善于运用赞美的力量。因为她们知道，赞美不仅能使人的自尊心、荣誉感得到满足，更能让人感到愉悦和鼓舞，从而会对赞美者产生亲切感，相互间的关系和氛围也会大大改善。同时，适当地赞美别人是有礼貌、有教养的表现，不仅可以获得好人缘，而且还可以使双方在心理和情感上靠拢，缩短彼此之间的距离，给自己的工作和生活都会带来不可思议的好处。

小芳与小乐不和。

一天，小芳向她的朋友小琴抱怨："受不了小乐的坏脾气，娇生惯养，请你告诉她，让她改一改，否则没人愿意理她。"

小琴一口答应："好，我会办好这件事的。"

果然，小芳再见到小乐，发现她有礼貌又和气，与以前那骄横的娇娇小姐判若两人。

小芳向小琴道谢后好奇地问："你怎么跟她说的？这么管用。"

小琴微笑着说："我对她说'很多人都赞赏你，尤其是小芳，说你既漂亮又善良，温柔，脾气好，人缘也好'，仅此而已。"

有人说："对人表示赞美，是洒向心灵的阳光雨露。"会说话的人总是用赞美的语言去表达自己的一片好心和好意，传递信任和情感，化解隔阂和摩擦。所以说，职场女性一定要学会赞美，懂得让自己的好口才为自己助力。因为每个人都喜欢受到别人的赞美。不管是咿呀学语的孩子还是白发苍苍的老者都是需要赞美的，人都有一种被肯定、被人赞美的强烈欲望。任何时候，真诚的赞美比任何其他的语言都能打动人心，拉近彼此，也让你想要做的事情顺畅无比。

但是，赞美是一件好事，却绝不是一件易事。赞美别人时如不审时度势，不掌握一定的赞美技巧，即使你是真诚赞美，也起不到作用，有时还会适得其反。所以，赞美时要注意以下几点。

（1）赞美话也不能过头。

虽然人人都喜欢听赞美的话，但并非任何赞美都能使对方高兴。能引起对方好感的只能是那些基于事实、发自内心的赞美。相反，你若无根无据、虚情假意地赞美别人，他不仅会感到莫名其妙，更会觉得你油嘴滑舌、诡诈虚伪。例如，你看到一个并不漂亮的女孩，不能称赞她太美丽。因为这样，她会觉得你是在故意戏弄她或是你太虚伪。这所起的效果实在太糟糕了。但如果你着眼于她的服饰、谈吐、举止，发现她这些方面的出众之处并真诚地赞美，她一定会高兴地接受。过度的赞美差不多等于挖苦，是难以说到别人心里去的。只有真诚而适度的赞美最能打动人心，也最能体现出你的素质与修养，体现出你为人的聪慧与机巧。

（2）赞美要因人而异，对不同的人说不同的话。

人的素质有高低之分，年龄有长幼之别，因人而异，突出个性，特别的赞美比一般化的赞美能收到更好的效果。老年人不忘记他当年的业绩与雄风，同其交谈时，可多称赞他引为自豪的过去；对年轻人不妨语气稍为夸张地赞扬他的创造才能和开拓精神，并举出几点实例证明他的确能够前程似锦；对于经商的人，可称赞他头脑灵活，生财有道；对于有地位的干部，可称赞他为国为民，廉洁清正；对于知识分子，可称赞他知识渊博、宁静淡泊……当然这一切要依据事实，切不可虚夸。赞美要实事求是，不能拍马屁。赞美和拍马屁的根本区别就是真与伪。实事求是的赞美从来不会被认为是阿谀之词。赞美一定要真诚、实事求是，不能言过其实。

（3）赞美对方最看重的地方。

每个人都有自己比较看重的东西，只有赞美别人最看重的地方，才能收到最好的效果。这就要求我们赞美别人之前，首先要摸清对方的兴趣、爱好、性格、职业等背景，抓住其最重视、最引以为自豪的东西，将其放到最突出的位置加以赞美，这样才能最大限度地满足对方的心理需要。

（4）可以借第三者之口赞美。

有时，我们为了办好一件事，为了博得他人好感，去赞美别人，但由自己说出，不免让人觉得有奉承、拍马屁之嫌。如果换个方式来说："你真漂亮，难怪小李一直羡慕地说'你总是那么年轻。'"这样一来，对方必认为你所言不虚，当然会非常高兴。

（5）赞美话要说得漂亮。

中国古话说："夸人减龄、遇货添钱。"夸人美不妨往年轻了说，遇到别人买的东西，务必往高价来说，这样听的人更高兴。

（6）学会观察。

要真诚地赞美对方，不夸张不过分，就需要你细心观察对方，深刻了解对方，发现他不易为人发现的优点。学会和发现别人与众不同的成绩和长处，你的赞美也会与众不同，别人就会喜欢你，你也就容易得人心，你的职场之路当然也就更顺。

7 善用幽默，机智化解职场尴尬

有人说："幽默是一种给人带来快乐的艺术，它使人从失败的经验和情绪中解脱出来。"还有人说："幽默首先要的是一种心态，是一视同仁的好笑的心态。"对于一个会说话的人，幽默就是点石成金的话语，就是一句顶十句的说话术。

在一辆公共汽车上，由于急刹车，车厢里的一个青年小伙子猝不及防，撞到了一位姑娘身上。姑娘当时就很不高兴，气冲冲地说了一句："德行!"意思是指责那个青年缺德。那个青年立刻解释说："对不起，这和'德行'无关，是惯性。"一句话引起了乘客们的一片笑声，一场不快也在轻松的笑声中得以化解，那位姑娘也在众人的笑声当中原谅了小伙子无意失礼的行为。

幽默不是男人的特权，它也适合每一个女人。懂得幽默的女人，她的人生也会变得开朗、乐观，也会是生活中的强者。与幽默女性相处，会觉得轻松，觉得惬意，觉得温暖，觉得坦荡。幽默风趣的语言，机敏睿智的应答，不仅是女性智慧的体现，也能在特殊时刻巧妙地为自己打圆场。

在一次地方性的演唱会上，一位知名的女主持人走上舞台，发现台下的观众才不到五成。她有些失望，但是很快就调整好了情绪，恢复了乐观的表情。她走向舞台的脚灯处，对观众说："这个城市一定很有钱。我看到你们每个人都买了两三张座位票。"大厅里顿时响起一片笑声。为数不多的观众立刻对这位主持人产生了好感，也开始聚精会神地欣赏精彩的表演了。

无论是在生活当中，还是在人际交往中，我们总是不可避免地要遇到一些尴尬的场面。这时候，那些善于随机应变的女性，总能审时度势，准确把握双方的心理，然后运用说话技巧，借助恰到好处的话语及时出面打圆场，并且巧妙地化解尴尬，把尴尬的场面转化成愉快的气氛。

幽默是一种宽容精神的体现。要使自己学会幽默，就要学会雍容大度，善于体谅他人。乐观与幽默是亲密的朋友，不论是在工作、生活还是交际中，如果多一点趣味、一点笑容和游戏，多一份乐观与幽默，就会少了许多的尴尬和难堪。

有一次，前苏联中央电视台女播音员列昂节耶娃向观众介绍一种摔不碎的玻璃杯，几次试镜都很顺利。不巧，正式播出时，杯子竟摔得粉碎。她当时目瞪口呆，如果想不出好办法的话必然要出洋相了。结果，列昂节耶娃镇定地说："看来发明这种玻璃杯的人没有考虑我的力气。"幽默的语言，一下子使自己摆脱了窘境，并化解了杯子不结实的误会。

卡耐基有句名言："关于沟通，除了词汇之外，最重要的就是'趣味'!"生活中离不开幽默。女人自嘲，更能增添情趣。在职场，懂得运用幽默，不仅能化解尴尬，还可以为自己创造机会。

杨菁菁讲了幽默给她带来好运的经历。她说："记得一次应聘一个职位，简历寄去后，对方将'抱歉未能录用'的电子邮件发给了我。可能是由于系统错误，对方发了两封抱歉信给我。我毫不犹豫地回了一封信：'既然您对未能录用我如此遗憾，为什么不给我一次面试机会呢?'不知是不是这封信起的作用，后来我得到这个公司另一个更好职位的面试机会。"

在职场中，幽默是一种智慧的表现。一个懂得幽默的女人，她不一定很美丽，但一定是智慧的，而且是善解人意的。这样的女人喜爱生活，懂得用自己的方式面对难解之情，用微笑放松自己。她们既没有"储存快乐，过时作废"的担忧，也没有"怨艾郁积、累累成愁"的隐患。她们的生活之所以招人所爱，就因为她们懂得生活，懂得用智慧的花香把自己熏陶得更加富有魅力，这种幽默足以让她们轻松化解窘境和尴尬。

在一家公司举办的公益性舞会上，一个舞技高超的男青年邀请了一位明艳高贵的女士共舞。糟糕的是女士的舞技不熟，几次踩了男青年的脚，男青年故作不安地问："哦，小姐，你怎么会答应与可怜的我跳舞呢？"这位女士机智地回答说："这是个慈善舞会，不是吗？"幽默的回答使尴尬顿无，两人继续共舞，结下一段甜美的情缘。

女人的幽默不同于男人，它更多地来自女人对生活的独特体验与理解，是一种点点滴滴中积累智慧的释放，是经历了动荡和挫折，享受过富贵与排场以后，依然保持的一种达观、积极、决不轻言放弃的人生态度，既不自怜自艾，也不妄自菲薄，现代女性的魅力，往往因此而生。

幽默是上天赐予女人的美丽法宝。因为女人的幽默不仅能够传递出她们心里的欢愉，也是她们赠送给世界的一份美好礼物，可以"传染"给她们身边所有的人，让人们保持愉快心境的同时，也深深折服于女人的美丽智慧。

有人说，一个没有幽默感的女人，就像鲜花没有香味，只有形没有神。那外表的光鲜，让人感觉却是还少一口气。走在明媚的阳光下，甩一甩长发，俏皮地幽自己一默，勇敢地自嘲几句，难道不更加迷人吗？

幽默的女人是智慧的。因为幽默必须具备一定的文化底蕴，没有"喝"过墨水的人是学不会幽默的，但喝墨水虽多，没有灵气也是不行的。所以，但凡幽默的女人总是兼具才气与灵气。

幽默的女人是自信的。因为幽默有时就是一种自嘲，一个姿色平庸的女子若是能将自己的外表当做玩笑，那么，可以肯定她已经并不以此为卑，而且，她的身上肯定还有更多让她引以为傲之处。

幽默的女人是乐观的。因为幽默的机智反应并非只是能言善道，它也是一种快乐、成熟的达观态度。当身处险境之时，并不会因此沉沦丧志，却总能开朗豁达，从容不迫，笑对人生，从而领略到人生的别样风景。

幽默的女人是真实的。欲求幽默，必先有深远之心境，不为浮名，不作滥调，不扭捏作态，不博庸人之欢心，举止言谈之间只是超脱淡然的率真性情。

幽默的女人是可爱的。她总是能适时地在一汪清水之中激起点点涟漪，使得平日里琐碎的生活增添几分韵味与情趣。

懂得幽默的女人，必然自在、自信和优雅，不论是在职场，在社会还是在家庭，她们都会收获快乐、成功和幸福！

所以，聪明的女人，一定要懂得幽默，学会幽默。因此，掌握一些幽默说话的技巧，对你提高幽默水平将有所帮助。

（1）有乐观开朗的心态。

幽默的心理基础是乐观、积极向上的心态。幽默与乐观是孪生姐妹。很难想象，一个遇到困难和挫折便愁肠百结的人，会具有幽默感。相反，一个具有幽默感的人却能从自己不顺心的境遇中发现某些“戏剧性因素”，而能使自己做到心理平衡。一个悲观颓废的人是没有心情幽默的。只有当自己心胸开朗了，才可能使别人心胸开朗；只有自身具有感染力，才可能感染别人。

（2）有充分的自信。

真正幽默的人，其实是自信的人，不怕被人嘲笑，而且非常善于自嘲，这种自嘲实际上是建立在自信的基础之上。学会自嘲，懂得幽自己一默，而不是费尽力气自我吹嘘，自我标榜，反而只是以博人一粲，让人真心受到吸引。开自己玩笑，是从平凡的、趣味的、不甚完美的角度来观看自己，让别人有喘一口气的机会，也让自己从遥不可及的宝座上滚落红尘，与众生同声一笑。

（3）在日常生活中有意识地加强一些幽默训练。

真正的幽默，需要用心体味，更要能欣赏别人的幽默，并从中学习。如对周围接触到的人，只要你和他熟，除工作外，可常说些有趣的话，多读一些中外幽默小品、名人趣事、歇后语等；遇事不妨度量大一点，想象让一个富有幽默感的人处在我此时的位置上，他将怎么办？此外，平时可试着调动起自己所看到的、听到的、读到的一切材料，或取其一点，或相反相成，或望文生义……加以联系、比较、生发，说不定就能达到一语惊人的“幽默”！

(4) 注意多方面的学习。

积累丰富的词汇，有助于表达幽默的想法。如果词汇贫乏，语言的表现能力太差，那也无法达到幽默的效果。空闲时多看看幽默故事、机智故手、脑筋急转弯等，从而训练思维的敏捷性。平时还要注意学习积累，丰富自己的词汇。一个人只有有审时度势的能力，广博的知识，才能做到谈资丰富，妙言成趣，从而做出恰当的比喻。因此，要培养幽默感必须广泛涉猎，充实自我，不断从浩如烟海的书籍中收集幽默的浪花，从名人趣事的精华中撷取幽默的宝石。平时还要多看些幽默的书籍，多欣赏别人的幽默。正所谓“熟读唐诗三百首，不会做诗也会吟。”见得多，听得多了，骨子里的幽默感自然也就多了。学会幽默，适时地幽默，你会成为最受欢迎的人。

8 懂得倾听，赢得更多信任

俗话说：“会说的不如会听的。”是否善于听话，是一个人是否具有沟通口才的关键因素。只有会听，才能更准确地把握谈话者的意图、流露出的情绪、传播出的信息，更好地促使对方继续谈下去，达到最终的目的。所以说只有会听，才能会说。

但有很多口才卓绝的人，只顾着滔滔不绝地展示自己的表达技巧，一刻也不停地说，却完全没有意识到听的重要性，以至于因为“听”得太少而把所有“说”的成绩全部抹掉了。

著名推销员乔·吉拉德是一个口才超棒的人，说话极具说服力和感染力。他认为，推销员是靠嘴吃饭的，就应该尽力说，介绍自己，介绍产品，因而他一直把说放在第一位。但是是有一次，他体会到了听的价值远远大于说。

在一次推销中，吉拉德与客户洽谈很顺利，就在快签约成交的时候，对方却突然变卦了。他为此不解。当天晚上，按照顾客留下的地址，他找上门去求教。顾客见他一脸的真诚，就实话告诉他说：“你的失败在于你自始至终没有听我讲话。就在我准备签约前，我讲到我的独生儿子即将上大学，而且提到他的运动成绩和他将来的抱负。我是以他为荣的，但是你当时却没有任何的反应，甚至还转过头去用手机和别人通电话，我一怒就改变主意了。”

吉拉德这时候才明白，原来听有时候比说更重要！从此之后，他就改变了自己滔滔不绝的说话方式，更多地在听。所以最终，他成为世界上最伟大的推销员。

对于女性而言，总是说比听更容易。从古至今，女性最大的特长是倾诉而不是倾听。这样的特点，经常会让女性滔滔不绝、絮絮叨叨，不仅大大降低了说话的分量，还会招来别人的反感。所以，身在职场的女性，要懂得倾听，学会倾听，多听少说，才更能显出干练的风度和魅力。

在生活中，最有魅力的女人一定是一个好的倾听者，而不是滔滔不绝、喋喋不休的人。倾听，不仅仅是对别人的尊重，也是对别人的一种赞美。善于倾听的女人，也是最容易成功的女人。

在职场上，倾听是对别人最好的尊敬。专心地听别人讲话，是你所能给予别人最有效、也是最好的赞美。不管说话者是上司、下属、亲人或者朋友，或者是其他人，倾听的功效都是同样的。人们总是更关注自己的问题和兴趣，同样，如果有人愿意听你谈论自己，你也会马上有一种被重视的感觉。

倾听的能力是一种艺术，也是一种技巧。倾听需要专心，每个人都可以透过耐心和练习来发展这项能力。当然，倾听不仅仅是保持沉默，用耳朵听而已。倾听也是有技巧的。

（1）要表示出诚意。

倾听别人谈话总是会消耗时间和精力的，如果你是真的有事情不能倾听，那么你应该直接提出来（当然是很客气的）。这比你勉强去听或装着去听，而必然会表现出来的开小差而给人的感觉要好得多。听就要真心真意地听，对我们自己和对他人都是很有好处的。安排好自己的时间而去听他人谈话是一件很值得的事情。

（2）要有耐心。

这体现在两个方面：一是别人的谈话在通常情况下都是与心情有关的事情，因而一般可能会比较零散或混乱，观点不是那么突出或逻辑性不太强，要鼓励对方把话说完，自然就能听懂全部的意思了。否则，容易自以为是地去理解，去发表意见，产生更加不好的效果。二是别人对事物的观点和看法有可能是你无法接受的，有伤你的某些感情，你可以不同意，但应试着去理解别人的心情和情绪。一定要耐心把话听完，才能达到倾听的目的。即使有些内容是你不想听的，也要耐心听完。

（3）要避免不良习惯。

开小差，随意打断别人的谈话，或借机把谈话主题引到自己的事情上，一心二用，任意地加入自己的观点做出评论和表态等，都是很不尊重对方的表现，比不听别人谈话产生的效果更加恶劣，一定要避免。当别人流畅地谈话时，随便插话打岔，改变说话人的思路和话题，或者任意发表评论，都被认为是一种没有教养或不礼貌的行为。

（4）适时进行鼓励和表示理解。

及时用动作和表情给予回应。谈话时，应善于运用自己的姿态、表情、插入语和感叹语，如微笑、点头等，都会使谈话更加融洽。说话者往往都是希望自己的经历受到理解和支持，因此在谈话中加入一些简短的语言，如“对的”“是这样”“你说得对”等或点头微笑表示理解，都能鼓励谈话者继续说下去，并引起共鸣。当然，仍然要以安全聆听为主，要面向说话者，用眼睛与谈话人的眼睛作沟通，或者用手势来理解谈话者的身体辅助语言。

（5）适时适度地提问。

这是一种倾听的方法，它能够给讲话者以鼓励，有助于双方的相互沟通。一个阶段后准确地反馈会激励谈话人继续进行，对他有极大的鼓舞，包括希望其重复刚才的意见，因为没有听懂或重点表达，如“你刚才的意思或理解是……”等。但不准确的反馈则不利于谈话，别人说东你问西，肯定会让人反感，因此要把握好时机。

（6）必要的沉默。

沉默是人际交往中的一种手段。它看似一种状态，实际蕴含着丰富的信息，就像乐谱上的休止符，运用得当，则含义无穷，真正可以达到“无声胜有声”的效果。但沉默不是不分场合、故作高深而滥用沉默。而且，沉默一定要与语言相辅相成，才能获得最佳的效果。

（7）要使别人对你感兴趣，那就先对别人感兴趣。

问别人喜欢回答的问题，鼓励他人谈论自己及他所取得的成就。要对与你谈话的人的一切，比对你自己的问题要感兴趣得多。

倾听是一种礼貌，是一种尊敬讲话者的表现，是对讲话者的一种高度的赞美，更是对讲话者最好的恭维。倾听能使对方喜欢你，信赖你。当我们专心致志地听对方讲话时，对方一定会有一种被尊重和重视的感觉，双方之间的距离必然会拉近。这样的女人，也必然成为职场上最受欢迎的人。

第五章

发挥心态优势：良好的心态让女人处处受欢迎

良好的心态是女性生活幸福、事业成功的基石。女性天性中的单纯、善良、自信、乐观、豁达，不仅让女性能更深切地感受到生命的美好和幸福，还能促进职场工作的顺利开展，因为拥有好心态的女性，永远是职场最欢迎的人。

1 心无城府，单纯的女人更让人亲近

现代职场，天天都有剑拔弩张的对抗，时时充满你胜我败的竞争，要想在职场打拼，你就不得不把自己训练成铜墙铁壁，锻炼得钢筋铁骨。因而很多女性都习惯了玩心机、耍智谋、秀世故，却偏偏忘了自己还有天然的、最有力量的武器——单纯！

《红楼梦》里，莺莺燕燕，来来往往，红肥绿瘦，千娇百媚，有元春的高贵，探春的能干，也有黛玉的娇美，宝钗的世故，却只有大大咧咧的史湘云最为可爱。原因是什么？就是因为她单纯简洁，心无城府。

史湘云是整个《红楼梦》众多女儿中最单纯的一个人，思维简单，心念单一。对于大观园中几乎人人心心念念的贾宝玉，在她的眼中，就只是一个大哥哥，对他从来没有半分想入非非的念头；对于林黛玉，她就觉得是一个自己的亲人，她想戏谑就戏谑，想关心就关心，想生气就生气；对于薛宝钗，她就是一个可以说得上话的知心大姐姐，与她有共同语言，有共同追求，所以可以交谈甚欢。可以说，史湘云是一个简单爽直到了极致的地步，她的每一个行为都是自己最最率性的表现。她劝贾宝玉学仕途经济，虽然招致他的冷嘲热讽，但是她其实只是随口一说，没有任何的目的性。也许，她就是觉得一个男人，尤其是一个大家族的男人，发愤图强、振兴家业是天经地义的事情；她因为笑话了一下伶官像林黛玉，而招致林黛玉的气闷，而她自己也是气得收拾行李就要走。这一点可以看出，这个人不是时时刻刻都注重人情世故的。当时，所有人都看出来了，但是介于林黛玉的小心眼儿，谁都不说，就只有这个湘云妹子心直口快。但是生气归生气，史湘云这个人从来不记仇，即便拌嘴了，过段时间照样是和林黛玉欢欢笑笑。

特别是湘云醉卧海棠花的那一段，更是把她的天真烂漫、心无城府表现得淋漓尽致。就那样一种味道，散漫中带着几分雅致，自然中带着几分精致，花朵儿散落在她的身上，她嘴里面还念念有词，说出来的“醉话”也是字字珠玑。这种率性自由的散漫，这种不拘于外物的豪放与闲淡，整个大观园中也只有单纯的史湘云可以做得到，换作是别人，是断断不会这样不顾淑女形象，醉酒卧花的。但也恰恰是她如此地放任自由，如此地没有机心，恰恰最得大家喜爱。大家都喜欢这个心无城府、简单天真、无拘无束的可人儿！《红楼梦》正是因为有了史湘云，才有了几分生动活泼的味道，才多了几分天真浪漫的情怀。

对于女人来说，思想单纯、心无城府，似乎更可爱一些。而圆滑、世故、城府深厚的女人，反倒让人觉得可怕，觉得恐惧，大多数人很可能都会选择敬而远之了。

单纯不是幼稚，更不是无知，它是一种对生活对世界本质的完全相信，相信别人对她说的每一句话，相信她看到的听到的就是真实的，相信别人的心里也和她想象的一样，从来不去探究别人的话语背后、眼神背后、动作背后到底隐藏了什么，因为她相信她看到的就是一切！

女人天生其实就是单纯的、简单的，这就是女人的优势。因为单纯的女人，简单、真实、不矫揉、不做作，不隐藏、不掩饰，不耍机心、不玩心计，也从来不设防，直来直去，有一说一。和这样的人相处，大家都会觉得轻松、不累。所以，不管男女，也都更乐意与单纯的女人交往，乐意与这样的女人合作，她们当然也就更容易能赢得职场的成功了。

2 心态乐观，心怀阳光人人爱

一位哲人说过：“你的心态决定你的生活。”事实也正是如此，心态好，看什么都好，生活自然多姿多彩，幸福快乐；心态不好，守着金山银山也会皱着眉头。只有心态乐观、心怀阳光的女性，不仅能让自己的生活多姿多彩，也能感染更多的人，让更多的人喜欢她，靠近她，帮助她，支持她，而她获得的，将是大家的承认，是自己的成功。

中国著名体操运动员桑兰面对高位截瘫的人生灾难，她选择了乐观。她那“笑对不幸”的形象给我们留下了深刻的印象。

桑兰在国家女子体操队时，曾获得过许多比赛的冠亚军。正处在一个运动员的黄金年龄——17岁的她，灾难却降临到她身上。1998年7月，她在第四届美国友好运动会的一次跳马练习中，不慎受伤导致高位截瘫。年轻的桑兰不得不结束自己的体操人生，面对自己的残疾人生。面对这一残酷的现实，坚强的她没有选择沮丧，而是坦然地接受了命运的挑战。桑兰用她阳光般的微笑，坚毅地选择开辟新的人生道路，并开始在轮椅上创造一个又一个人生奇迹：被北京大学新闻与传播学院新闻系破格免试录取，就读广播电视专业；加盟了星空卫视，成为“桑兰2008”节目的主持人；成为“奥运之星保障基金”的发起人。这个阳光女孩用她的努力和坚强，以“桑兰式微笑”征服了无数世人，也因此而找到了自己一生相依相伴的爱人，并产下爱子。

好心态之所以是一种力量，是因为好心态是对自己的肯定，是对生活的信心和希望。拥有好心态的女人总是肯定自己已有的优势，肯定周围美好的环境与事物。她们始终用乐观的、积极的、向上的观点看待周围的环境以及人和事。她们相信自己现在比过去好，将来会比现在好。她们对人生充满了希望，并为了这个希望而拼尽全力。

坚强乐观的人，总是更容易获得大家的尊敬，也更能得到大家的喜欢。在职场更是如此，一个心态良好、乐观洒脱的女性，总是会让她更受大家的欢迎。因为大家会从她这里感受到更多正面的、美好的和希望的东西，让人们不自觉地改变了自己的心态，也变得阳光起来。而心态灰暗、悲观沮丧的女性，只会给大家带来抱怨、沮丧和绝望，让你自己的好心情也受到感染，从而变得灰暗。这样的女性，是不受欢迎的。谁也不希望自己面对的是一个面容灰暗、神情沮丧、满嘴抱怨、毫无生气的女人。所以，职场女性，要发挥自己的心态优势，用自己的好心态感染和影响别人，保持灿烂的微笑，必然更受大家的欢迎。

一家信誉特好的连锁花店，高薪聘请一位售花小姐。招聘广告张贴出去后，前来应聘的人有四五十个。经过仔细的筛选后，老板选出了三位女孩让她们每人经营花店一星期，以便最终挑选一人。这三个女孩长得都很漂亮。她们一个有着丰富的售花工作经验，一个是花艺学校的应届毕业生，最后一位是个待业女青年。

有过售花经历的女孩一听老板要以实战来考验她们，心中窃喜，毕竟这工作对于她来说是驾轻就熟。每当有顾客进来，她就不停地介绍各类花的花语以及给什么样的人送什么样的花，几乎每一位顾客进花店，她都能说得让人买去一束花或一篮花，一个星期下来，她的成绩非常不错。

轮到花艺女生经营花店时，她充分发挥自己所学的专业知识，从插花的艺术到插花的成本，都精心琢磨。她的专业知识和她的聪明为她一星期的鲜花经营也带来了相当好的业绩。

待业女青年经营起花店，则有点放不开手脚，甚至刚开始还有点手足无措。然而她置身于花丛中的笑脸简直就是一朵花，从内心到外表都表现出一种对生活、对工作的热忱。一些残花她总舍不得扔掉，而是修剪修剪，免费送给路过花店的小学生，而且每一个买花的顾客，都能得到她一句微笑的甜甜的祝福。顾客听了之后，往往都会开心地回应她一笑，然后快乐地离开。尽管她卖力地干了一星期，但她的业绩和前两个女孩比还是有差距的。

出人意料的是，老板最终竟然选择了那个待业女青年。三位女孩子都很迷惑——为何老板放弃业绩好的女孩，而偏偏选中业绩差的？

老板说："用鲜花挣再多的钱也只是有限的，用如花的心情、如花的微笑去挣钱才是无限的。花艺可以慢慢学，经验可以积累，但如花的心情不是学来的……"

好心态的女性也是善于调节自己心情的女性，善于学习和改进的女性。比如，职场上受到领导的批评，有的女性会想，领导否认了我的努力，看来不信任我了，从而情绪低落，只想着自己的委屈，没想着怎么改进，那么下一次遇到同样的问题可能还会重蹈覆辙。而心态阳光的女性受到领导批评时，不仅会虚心接受，还会认真思考，领导批评我，说明我做错了什么，反映出领导希望我进步，下一次我一定要把同样的事情做好了。这样想，就会进步，就会有收获，就会认真改进，直到自己的失误完全弥补，自己的缺点完全改善。这样的人，有谁不喜欢呢？

这种心态，就是一种积极心态。"阳光心态"，就是人人都喜欢的心态。"阳光心态"是一种健康的生活态度，始终不被悲观情绪和低级情绪所左右，始终保持乐观向上的精神状态，把失败当成磨炼，把成功当成必然，看世界都是阳光，看别人都是微笑。有这样的心态，世界在你的面前全部都是红花绿草，阳光灿烂，每一天的生活都能喜笑颜开，开心快乐，每一件工作也都会让你感受到无尽的乐趣。那么，你的人生怎么可能不精彩呢？

许多女性忽视了心态的作用，觉得心态是很虚的东西，似乎与一个人的财富、地位、成功与否无关。其实不然。无论一个女人多么有能力，如果缺乏好心态，就什么事都做不成。好心态的能量是巨大的，它是动力产生的源泉。有了它，女人就能把握自己的命运，在人生的道路上勇往直前。

3 豁达，女人的心胸也可以容纳一切

在很多人的观念里，女人就是“小心眼”的代名词。因为女人心胸狭小，爱斤斤计较，女人容不下别人，爱嫉妒，爱怨恨……总之，女人就是“头发长、见识短”的“小心眼”。

作为女性，不必急着为自己辩解，也不必为这样的称谓而着急。其实，只要稍微转变心态，把“小心眼”转变为豁达大度，就会成为我们的职场优势。

在公司的宣传部里，李云是个人见人爱的人物，公司上下谁见到她都会称赞两句。可是半年前她刚刚到公司来的时候，却是个处处碰壁的新人。

半年前，李云跳槽到这家大公司来。因为工作方式和之前的公司不太一样，李云一时有些吃不消，工作做不好，在平时严肃的工作氛围里更是喘不上气来。大家好像商量好要给这个新人一点教训一样，无时无处不在为难她，她买的咖啡很难喝啊，她写的报告有错误啊，她提出的想法也没人发表意见，既不说好也不说坏，这让一直忍耐的李云更加感到委屈。她跟领导请了几天假，去了乡下的亲戚家。听了她的诉苦后，曾经自己开过公司的叔叔开心地笑了。李云十分不解，自己受了委屈，叔叔为什么笑了呢。

“他们是在考验你呢，看看你到底有什么本事，看看你有多么想在那里工作，要考验你的毅力和韧性，因此到处故意刁难你，只要你认准了这是自己想走的路，那就坚持走下去，他们很快就会接受你，认可你的。”

听了叔叔的这番话，李云心里有了底，也鼓起了勇气。回到公司后，面对大家的挑剔，她非但不生气，还笑脸相迎，即使是吩咐她做一些没必要的打杂的事情，她也是爽快地答应然后马上就去做。

刚开始，大家并没有因为李云的改变而减少刁难她，而是更多地分派一些难度较高的工作给她。但渐渐地，她感受到了大家的变化。因为出色的能力逐渐地显露出来，她承担的任务也变得越来越重要，而所有人对她的态度也是逐渐缓和，到开始微笑着打招呼，一直到现在人人都夸赞。

后来，李云曾问过同事，当初是不是考验自己。可令她吃惊的是，同事说根本没有什么考验。当时大家的确都不看好初来乍到的她，认为她什么都做不好，所以就故意排挤她，想让她知难而退，自己离开公司。可是她豁达开朗的表现改变了大家对她的态度，于是想要了解她的能力才把有难度的工作分给她，结果她再一次让大家满意，于是大家慢慢地接受了她。

豁达是指心胸开阔，性格开朗，能容人容事。豁达是一种大度和宽容，豁达是一种品格和美德，豁达是一种乐观的豪爽，豁达是一种博大的胸怀、洒脱的态度，也是人生中最高的境界之一。

心胸宽广、豁达大度是一个人获得良好人际关系的基础。豁达大度的女人懂得包容，因为这是做人的需要。人如果没有博大的胸怀，缺少包容的空间，思想就会被无休止的报复和怨恨所支配。包容不是怯懦胆小，而是给予，是奉献，是人生的一种智慧，是建立人与人之间良好关系的法宝。因而，豁达大度的女性，更受职场欢迎。而小心眼、自私自利、不顾别人、不顾团队的行为，则是职场的大忌。职场有职场的规则，职场讲究的是团队作战，职场需要的是团结合作。小心眼的人，是不可能与大家和睦相处，与团队一起进步的。毫无疑问，在职场这样一个讲求效率、讲求合作的地方，宽容大度、豁达爽朗的女性更受欢迎。所以，职业女性要修炼自己的豁达心态，培养爽朗性格，凡事少计较，多为别人着想，杜绝小心眼，才能更受欢迎，也让自己的职业生涯更顺畅。

豁达的女人不自私。她是博爱的，包容的，对所有的人都有一种平和安然的心态，有一种出自内心的关爱。因而她们也最能得到别人的关心和爱护。

豁达的女人不物质。她知道这个世界永远有比钞票更重要的东西。服装、首饰都只能装饰女人的外表。女人有了丰富的精神内涵，才能获得永远不会老去的美丽与优雅。

豁达的女人不俗气。她清楚地知道自己想要什么，也知道在什么时候适当地放弃。她不会在同别人的攀比中过日子，也不会整天跟在别人后面孜孜以求地赶时髦。在各领风骚没几年的流行面前，她有更多的理智和冷静。

豁达的女人不惧怕。逆境不怕，失恋不怕，寂寞不怕，失业不怕，失败更不怕。她懂得用自己内心的力量战胜寂寞，战胜失败。

豁达的女人不计较。她不会小肚鸡肠，锱铢必较。在名利面前，她看得透，不争不抢，得之淡然，失之泰然，一切顺其自然。

对于女人来说，豁达意味着一种超然，更是一种智慧，一种修养，一种建立在知识和阅历上的人生觉悟，一种开阔的胸怀和眼光。豁达让女人有一种大气的美。豁达的女人，她的美是从内而外散发出来的，或许没有华丽的语言和装饰，但在她的身上，有另一种美丽在闪烁。这种美丽，朴实无华，却是最动人的。所以，豁达的女人永远比小心眼的女性更让人尊重，让人景仰，从而在职场也就更能吃得开、玩得转。

那么，女性如何才能做到豁达呢？首先要摒弃各种世俗杂念，少去理会那些堵塞心胸的噪音、玷污举止的画面；其次要善于原谅人，多和诚恳之人交朋友，从他们身上学习许多为人之道。生活中许多糟糕事，听了不如不听，见了不如不见，要有盲者、聋者的智慧，去听无声之声，去看无色之色。当我们闭上双眼，即看到心中无限的世界美轮美奂；当我们掩上双耳，即听到大自然生机盎然的勃发之声。心境变宽了，心眼就豁达了。

“世界上比天空更宽阔的是人的心灵。”要有这样一颗美好的心灵，就必须放下各种心理包袱，把真诚、热情、谦虚、勇敢、坚定作为自己立身处世的法宝，从而成为一个真正豁达的女性，真正受欢迎的女性。

4 宽容，善待他人就是善待自己

宽容，是美德。当我们对万事万物都苛刻的时候，世界在我们眼里就剩下了闪电。宽容，也是一种博大。有容乃大。同样我们也可以说，一颗心，能装下别人或者自己的缺点，才能装下整个世界的风风雨雨。宽容，更是一种赐福。我们宽容了别人，不仅给了他们尊重和信任，同样也给我们自己以赐福。哲人说：“宽容和忍让的痛苦，能换来甜蜜的结果。”这话千真万确。

古时候有个叫陈嚣的人，与一个叫纪伯的人做邻居。有一天夜里，纪伯偷偷地把陈嚣家的篱笆拔起来，往后挪了挪。这事被陈嚣发现后，心想，你不就是想扩大点地盘吗，我满足你。他等纪伯走后，又把篱笆往后挪了一丈。天亮后，纪伯发现自家的地又宽出了许多，知道是陈嚣在让他，他心中很惭愧，主动找上陈家，把多侵占的地统统还给了陈家。

《牍圃杂记》中记述了杨翥的两件小事。杨家的邻居丢失了一只鸡，指桑骂槐被姓杨的偷去了。家人告知杨翥，杨说：“又不只我一家姓杨，随他骂去。”又有一个邻居，每遇下雨天，便将自家院中的积水排放进杨翥家中，使杨家深受脏污潮湿之苦。家人告知杨翥，他却劝解家人：“总是晴天干燥的时日多，落雨的日子少。”

久而久之，邻居们被杨翥的忍让所感动。后来，一伙贼人密谋欲抢杨家的财宝，邻人们得知后，主动组织起来帮杨家守夜防贼，使杨家免去了这场灾祸。

海纳百川，有容乃大。处事宽容的人，必有虚怀若谷、海纳百川的雅量。君子惠顾，高朋满座。所以宽容的品德使一个人能够广泛听到不同的意见，从中汲取有益的营养。在遇到困难的时候，也必然能得到更多人的帮助。如果是一个有一定权势的人，则下属就敢于提出不同的见解，达到广开言路的目的，真正做到“知无不言，言无不尽”。所以宽容待人，受益者并不局限于被宽容的人，对宽容者提升自身的修养，完善人生，促进工作，同样也是非常必要的。所以说，善待他人也是善待自己。道理很简单，宽容也是一种做人的艺术，学会了宽容，相信一定能给你的人格增添一分绚丽的色彩，能给你的工作带来更多的方便。

有一个流浪少年在一个寒冷的冬季到了美国南加州的沃尔森小镇。在那里，善良的杰克逊镇长收留了这个少年。冬季的小镇雨雪交加，镇长杰克逊家花圃旁的那条小道变得泥泞不堪，行人纷纷改道穿花圃而过，弄得里面一片狼藉。看到这些，被镇长收留下的少年心里很为镇长不平，他便冒着雨雪看护花圃，不让大家走花圃而是走那条泥泞的小道。这时，镇长让他不守了，而是挑来了一担炉渣，将泥泞小路铺好了，于是行人就不再从花圃中穿行了。镇长对少年说："让别人好走就是给自己留福啊。""让别人好走就是给自己留福"虽是普普通通的一句话，却让少年的心灵受到很大震撼和启迪。镇长的一句话，成为这个少年终生享用不尽的巨大财富。他就是后来的石油大王哈默。

生活中常是这样：对人多一份理解和宽容，其实就是支持和帮助自己，善待他人就是善待自己。

宽容是女性的人格魅力中的最大亮点。职业女性要学会利用自己的这一个优势，学会宽宏大量、与人为善、宽容待人、主动为他人着想、主动关心和帮助别人，并因此让自己也讨人喜欢，被人接纳，受人尊重，享受到更多的成功。在当今这样一个需要合作的社会中，人与人之间更是一种互动的关系。只有我们先去善待别人，善意地帮助别人，才能处理好人际关系，从而获得他人的愉快合作。孟子曾经说过："君子莫大乎与人为善。"那些慷慨付出、不求回报的人，往往容易获得成功；那些自私吝啬、斤斤计较的人，以敌视的眼光看人、对周围的人戒备森严、心胸窄小、处处提防、不能宽大为怀的人，不仅找不到合作伙伴，甚至有可能成为孤家寡人。所以，要学会宽容。

宽容就是忍耐。对待同伴的批评、朋友的误解，进行过多的争辩和反击实不足取，唯有冷静、忍耐、谅解最重要。大千世界，凡是有人群的地方，就难免有矛盾，有勾心斗角。各种利害冲突使人不可能不发生摩擦。有君子，就有小人；有温情，就有冷漠。坚守自己的内心，不损人利己，不踩着别人肩膀往上爬，不多舌、不多事、不结怨、忍者安。

宽容就是忘却。忘记昨日人与人之间的是非和恩怨，忘记别人先前对自己的指责和谩骂。时间是良好的“创可贴”，它可以帮助你忘却痛苦。忘却痛苦，生活才有欢乐；背对黑暗，人生才能迎接阳光。

宽容就是不计较。事情过去了就算了。寒冷的冬天已经过去，让我们迎接温暖的春天吧！每个人都有错误，如果纠缠其过去的错误，就会形成思想偏见，不信任、耿耿于怀、放不开，限制了自己的思维，也限制了对方的发展。即使是背叛，也并非不可容忍。

宽容就是大度。豁达大度、笑对人生的女性，她会拥有一种恬淡、安静的心态，去做自己应该做的事情。对于一些闲言碎语、磕磕碰碰的琐事从不感到郁闷、恼火、生气，更不会去找别人倾诉，甚至打击报复。在她们的心里，这些都不过是寻常小事，不值一提。

一个内心宽容的女人，才能够体味人生的博大和美丽，才能够化解人世的纷争和困扰；一个内心宽容的女人，才能流露出从容的气质。她会包容同事们的不同意见，不同生活方式，不同的价值观，不同的言论，不同的宗教信仰，她会对上司的一切决定表示理解和尊重，下属的对抗和不从表示原谅和理解，不把自己认为“是”或“非”的东西强加给别人。这样才会最大限度地减少我们职场路上的绊脚石，获得更大的成功。因为是在现代社会里，如果你想获得成功，就应该想方设法获得周围人的支持和帮助。只有你真诚地对待别人，对方才会与你真诚合作。一定要住：善待他人也就是善待自己！

怎样才算与人为善呢？与人为善说起来很简单，做起来却不是一件容易的事。它包括相当广泛的内容，如关心他人，当朋友遇到困难的时候主动伸出友谊之手；尊重他人，不去探究他人的隐私，不在背后议论他人；善于和别人沟通、交流；善于和那些与自己兴趣、性格不同的人交往；承认别人的价值；负起自己该负的责任……总的说来，善待他人最重要的原则就是“己所不欲，勿施于人”。

要懂得随时体谅他人、宽容他人。宽容他人的无理，宽容他人的粗暴，宽容他人的傲慢，宽容他人的自私，宽容他人的浅薄，宽容他人的吝啬，宽容他人的无信，宽容他人的陋习，宽容他人的失误，宽容他人的攻击……大凡有影响、有魅力的杰出女性，都具有宽容的良好品质。如果我们能爱心永存，真诚待人，宽以待人，就能更多地赢得别人的好感、信赖和尊敬，就能较好地与周围人和睦相处，就能在人生旅途中顺利愉快地前行。

当然，女性的宽容不是无条件的、绝对的，至于具体事宜，何者宽容何者严厉，则因时因地因人而异。对于挑拨是非、两面三刀、落井下石、陷人于罪、背信弃义的小人，对违法乱纪、胡作非为、兴风作浪、不知悔改的恶人，即使自己身为弱女子，和他们也是不宜讲宽容的。

5 自信，谁说女子不如男

“刘大哥讲话理太偏，谁说女子不如男。男子打仗在边关，女子纺织在家园。”常香玉把这段戏曲唱遍了中国大江南北的每一个角落，可以说是无人不知，无人不晓，就连很多外国人也能用不太标准的普通话唱出来。这唱出的不仅是一个真理，也是女子的自信。

是的，女性从来不比男人差。男人打仗，女人纺织，不过是分工不同，哪里比男人差了？特别是在现在，男人女人接受同样的教育，有同样的社会地位，男女同工同酬，做同样的工作，在同样的公司，男人领导女人或是女人领导男人，都是很常见很普通的事情，很少有男人懂的女人不懂，男人会的女人不会，男人能干的女人不能干的活儿了——除非受劳动法保护特别规定不允许女人干的重体力活。所以，对于当今的女性来说，这份自信应当更加充分，更加有底气。这样的心态，才能更好地促进我们参与职场的竞争，有利于女性做出更多的成绩来。

哲学家克劳蒂娅说："自信对一个人一生的发展所起的作用，无论在智力上，还是在体力上，或是处世能力上，都有着基石性的作用，一个缺乏自信心的人，便缺乏在各种能力发展上的主动积极性。"人要有自信。自信是煤，成功就是燃烧的火焰。只要有了充足的自信，成功之火便能烧得越大、越旺。

很久以前，美国的许多无线电台都觉得女性不适合做播音主持，也不能吸引听众。但莎莉·拉斐尔立志从事播音事业。开始的时候，她在纽约的一家电台找到一份工作，但不久就被辞退了，说她赶不上时代，播音是不适合女人的事业。她因此失业了一年多，不过她一直没有放弃自己播音主持的理想。她相信在这一方面，女人比男人更有优势，而且自己正是女人中最有优势的一位。

一天，莎莉·拉斐尔向一家国家广播公司职员谈起她的清谈节目构想："我相信公司会有兴趣。"那人说："但我不久就要离开国家广播公司了。对不起，我帮不了你。"这次，她仍没有灰心气馁。后来，她碰到该电台的另一位职员，再度提出她的构想。此人也夸奖是个好主意，但是不久此人也失去踪影。就这样，她为自己争取了18次，经过一次又一次的失败之后，最后她终于在政治台谋到一个主持节目的职位。

莎莉·拉斐尔知道自己对政治所知不多，做好政治节目难度很大，但她一直坚信自己是可以的。她努力学习各方面的政治知识，不断提升自己的技巧。第二年夏天，莎莉·拉斐尔的节目终于开播。由于对广播早已驾轻就熟，她利用自己的经验和平易近人的风格，大谈她对7月4日美国国庆的感觉，又请听众打电话谈他们的感受。

因为莎莉·拉斐尔独特的主持风格和甜美柔和的声音，听众立刻对这个节目产生了兴趣，她主持的节目一时之间成为最受欢迎的一档节目。她终于如愿以偿地在国家广播电台站稳了脚跟。

莎莉·拉斐尔回忆说：“我遭人辞退18次，本来大有可能被这些遭遇所吓退，但我相信我自己一定可以做好我想做的事情。我让失败鞭策我勇往直前。”

如今的莎莉·拉斐尔已成为一名成功的著名主持人，两度获奖。在美国、加拿大和英国，每天都有800万观众收听她的节目。

谁说女子不如男？看看今天的播音主持界，女人岂止是“半边天”呢？拉斐尔的自信，让她终于闯出了一片自己的天地，一片女人的天地！何谓自信？索菲亚·罗兰说：“自信心的含义是勇气和自制力之间的一种平衡。真正的自信心经常给人一种纯朴和诚恳的感觉。当你精力旺盛时，你的自信心会油然而生。”只有相信自己的能力，相信自己能够做成一件事情，才能有机会成功。自信是一支火把，它能最大限度地燃烧一个人的潜能，指引人们飞向梦想中的天堂。

1991年，一个名叫坎贝尔的女子徒步穿越非洲，不但战胜了森林和沙漠，更通过了400公里的空旷地。这是许多男人都做不到的事情。当有人问她为什么能完成这令人难以想象的壮举时，她回答说：“因为我说过我能。”记者又问她对谁说过这句话，她的回答是：“我对自己说过。”

日本保险女神柴田和子，一年的业绩是804位业务员业绩的总和。1988年，她更是创造了世界寿险业绩第一的奇迹，荣登吉尼斯世界纪录。此后逐年刷新纪录，不仅她们公司的男员工没有超过她，全世界也没有一个男人超过她，而且这个纪录保持至今！

由此可见，女人从来不逊于男人，从来没有比男人差过。如果你一定要说比男人差，那是因为你没有自信。当你树立了自信，就没有什么不可能。所以，职场女性不要畏缩不前，不要自卑自怨，不要以为自己天生就不如男人。相信自己，你其实就无所不能！

人生最大的缺失，莫过于失去自信。居里夫人就曾说："生活对于任何一个男女都非易事。我们必须要有坚韧不拔的精神，最要紧的，还是我们自己要有信心。我们必须相信，我们对一件事情具有天赋的才能，并且无论付出任何代价，都要把这件事情完成。一个人只要有自信，那么他就能成为他所希望成为的人。"

可喜的是，时代发展到今天，越来越多的女性更加自信起来。她们正以从未有过的积极心态，在创造着全新的世纪，甚至改变着职场的格局。

谢丽尔·桑德伯格的畅销书《向前一步》（Lean In）发售后不久，一项名为女性、权力和金钱（Women，Power & Money）的调查发现，70%的"她时代"女性认为自己"聪明"，高于"他时代"男性54%的比例。

仰仗如此强烈的自信足以让年轻女性实现成功。她们知道，她们可以做任何男性可以做的事情，甚至可能做得更好。

2013年在《财富》杂志（Fortune）"最具影响力女性"伦敦站活动中，面对由欧美公司董事会成员组成的众多嘉宾，哈里特·格林详细描述了2012年她是如何拿下托马斯·库克集团（Thomas Cook）CEO职位的经历。她主动打电话给这家旅游巨头的董事长说："你们需要我。"格林曾是电气元件分销商派睿电子（Premier Farnell）的负责人，没有任何旅游业经验，但她深谙扭转业务局面之道。事实上，自从她掌管托马斯·库克集团以来，这家公司的股价已经上涨超过5倍。

前雅芳（Avon）CEO钟彬娴现在是苹果（Apple）、通用电气（General Electric）和戴姆勒（Daimler AG）的董事，她也是那次会议的嘉宾。她同意格林的建议："要积极主动。让人们知道你想当董事，要勇于展示自己的专长。"

比利·简·金在《财富》杂志"最具影响力女性"伦敦站温布尔登首日活动中指出，过去，女性要取得成功和建立信心是多么困难。大约40年前的1973年6月20日，有63位女性在伦敦格洛斯特酒店（Gloucester Hotel）举行闭门会议，成立了女子网球联合会（WTA）。金心不甘、情不愿地成为了这些人的领袖。经过努力，WTA为女性争取到了与男性相同的比赛奖金。

这一年，金领导的这群改革者曾经开会开到凌晨4：30，平均每晚只睡4小时。那一年，金29岁，她一度累到"认为自己可能会在第一轮比赛中就被淘汰"。但强烈的使命感激励着她。"那一年，我拿了三个奖，单打、双打和混双，我太高兴了。"

谁说女子不如男？只要相信自己，拥有充分的自信，女子一样可以在职场一显身手，一样可以把工作干得风生水起，一样可以让自己的人生辉煌灿烂。

自信是对自我能力和自我价值的一种肯定。莎士比亚说："自信是成功的第一步。"自信对一个人来说是非常重要的。女性一旦扔掉自卑的包袱，相信自己不管做什么事都能和男性做得一样好，那么在职场就有了超强的竞争力。这种自信就足以让你变被动为主动，由劣势变优势，战胜自己，突破重重困难，叩响成功的大门。

6 平和，拥有一颗平常心

平和而淡然的心态，也是女性魅力的源头之一。内心平和的女人犹如涓涓细流，虽然缺乏张扬的气势，却多了聚水成洋的韧性。她的迷人来自于秀外慧中的外表与内涵。

内心平和的女人，恬淡无争，不计较浮华琐事，追求但不强求，淡然地过着自己的生活，不求轰轰烈烈，只为安安心心。衣服不一定穿高档的，但一定适合自己，有自己的气质和特色。偶尔穿风格迥异的服装，换换心情，悄悄享受那份惊喜和艳羡。物质生活虽然平淡无华，但内心是安然宁静的，精神是富有充实的。床头柜上放几本书，睡前读读自己喜欢的书，不只抵御失眠，还有好梦相伴。有空玩玩文字，写写自己的心情故事，自我安慰、自我欣赏、自我陶醉。也会练练字，品一杯茶，赏一朵花，修身养性，用闲暇时光丰富自己的内心，做从内心深处散发淡雅幽香的女子。面带微笑，不争不抢，只过属于自己的简单幸福的生活，享受人生极致。这样的女人，其实优雅至极，魅力无穷。

在2014年热播的电视剧《北平无战事》中，就有一位人淡如菊、优雅如兰的女子。

《北平无战事》是部纯粹的男人戏，七大影帝，十几位有名有姓、有特点有担当的男性角色，个个出彩，但是居然只有四位女性角色，而且在大多数情况下，都只能沦为飙戏的男人之间的缓冲和补充。没有莺莺燕燕，没有观众尤其是年轻观众习以为常的你侬我侬，却依然牢牢地抓住了观众的心。在这其中，青年演员陈丽娜饰演的小妈程小云，不争不抢，始终静默地存在，落花无言，人淡如菊，却因其淡雅，不争，给人留下深刻的印象，俨然一副标准大青衣的模板。这也是中国千百年来最受推崇的女性角色的集合。

所有的美好和丑陋在人一生的时间长河里，终究会变得云淡风轻，渺若烟云，只有淡然自处，安守本分，才能获得内心真正的平静。而小妈这个角色恰恰是悟出了这一点，才能如此不显山不露水地默然处之，却清清淡淡地抢走了所有观众的注意力，也代表着观众心目中，真正中国女性的美好与伟大。

在《北平无战事》里，小妈的出场是在方家父子剑拔弩张的氛围之下，一袭素雅的旗袍，嘴角含着的那丝浅浅微笑，始终真诚，始终低调。她的低调又与暗藏方家多年的谢培东不一样，那么人畜无害，如沐春风。即便是生活在如此复杂的一个家里，她始终波澜不惊，默默地守着一个女人的本分，用自己的美，自己的笑容，安抚着一家老小始终紧绷着的情绪。当然，从她与谢培东似有若无的互动上，她的身份很可能也不那么简单，但是这一切都被掩饰在她淡如菊的行为举止之下，平和而从容，美丽而优雅，无论怎样都让人觉得心旷神怡。

人淡如菊是一种平和、执着、豁达的心境，既有“宁可抱香枝上老，不随黄叶舞秋风”的坚贞，也有“闲看庭前花开花落，漫随天外云卷云舒”的淡然。人淡如菊是一种平和执着、拒绝霸气的心境。人淡如菊，要的是菊的淡定和执着。人淡如菊，弥香缕缕，以随和、平易、惜缘、随缘、从容、达观的态度面对人生，生活中不作口舌之争，会静静地看人，默默地思事，严格地律己，淡然地过着简单的生活，多了平和，少了张扬，对家人、对朋友、对人生、对社会的宽容，换来的是灵性的清净。对工作和家庭尽心尽意，尽到自己应尽的一切责任，举手投足都大气优雅，端庄秀美。这样的人，眼神温暖，细语轻柔，心是一片平和的乐土，周身总是散发着淡淡的冷香。她的眼神像水一样清澈透明，不会盲目自卑，也不会盲目自大。平和的女人的美感与优雅在举手投足间自然流露。她用双手将岁月的光彩织成一朵永不枯萎的小花，静静地别在胸前，一缕幽香沁人心脾。

平和的女性都有良好的心态，不嫉妒，不抱怨，懂宽容，善转弯。对于优于自己的人，不嫉妒对方的才干，同时能清晰地认识到自己的独特价值；对于和自己持不同观点的人，能接纳对方的差异，温和地表达不同观点；对于恶语相向的人，能宽容以待并和缓应对，开得起玩笑，容得下差异。

一天，同事说："崔小丽，你就是靠脸（女人靠脸、男人靠本事）吃饭的！"小丽于是摸摸自己的脸说："哎呀（做幸福女人状），最近又该买化妆品了，可得好好保养一下这吃饭的家伙。"后来，随着时间推移，小丽和这位同事成了配合默契的工作伙伴。试想如果当时对这样一句玩笑话大动干戈，暴跳如雷，不仅会破坏同事关系，还可能会影响到工作中的合作。

平和大方的心态来源于读书、内省，通过不断地提高个人的修养，才能展现出女性如水般柔中带刚的（外柔内刚的女人）姿态。

平和的女人不论是在家庭，还是在职场，都可以成为主心骨，看似柔弱，实则力量非常。平和的女人很少生气，与人之间即使有再大的矛盾，也会控制自己的情绪，抑制自己的怒火，永远如春风对人，温暖和煦。平和的女人不会妒忌别人，对同事的成绩、对女伴的优秀，都会坦然地接受，衷心地祝福。平和的女人不抱怨别人，即便真是别人的错，也会大度地包容，及时地改进，而不会让同事觉得有什么不舒服的感觉。这样的女人，自然是职场上最受欢迎的女人。

第六章

发挥头脑优势：有些工作最适合女性

男性女性不仅生理结构不同，心理不同，大脑构造和思维方式也不相同。女性天生的耐心、细致、谨慎小心、温和善良以及敏锐的“第六感”，使许多工作就像为女性量身定做一般，而男性做这些工作就会稍逊一筹。

1 女性的大脑，在很多工作上都有明显优势

在人们的印象中，女性就适合像助理、文员、秘书、护士等这一类比较斯文的工作，实际上，根据女性的独特魅力和特性，女性在很多工作上都会有明显的优势。咨询、客服、销售、内务、行政、财务、人力资源管理和企业流程管理等，这些都被认为是女性化的行业，可以说是“女性集中营”。

随着时代的发展和女性受教育程度的大幅提高，女性能胜任的岗位也越来越多，如企业各种生产技术和管理岗位，机关事业单位各项业务、领导工作岗位，社会各项服务事业岗位等。而且由于女性与生俱来的特质，使女性在职业发展中也具备了相当多的优势。女性一般心灵手巧、耐心细致、遵纪守法，在纺织、服装、电子、工艺美术、仪器仪表、饮食服务、商业销售、旅游、微机操作、精密小件加工与修理、财会统计、公共关系、化验、保管、医务、教育、文秘、文艺表演等职业岗位上，女性更适合于发挥自身的各种特长，取得更好的工作效果。而且，女性的大脑特征使她们在很多行业都具有明显的优势，比如营销工作。

我们常常会发现，在一个营销团队中最资深的和收入最高的成员是一个男性员工，但大多数出色的营销员实际上都是女性员工。在很多企业都会发现这样的有趣的情况。为什么女性会在营销行业中有如此明显的优势呢？

最近对男女大脑功能区别的研究所取得的进展可以进一步详细说明

女性在营销这一行业中的优越性。直接说就是对于营销工作来说女性有一个巨大的遗传优势，她们的大脑更适合于营销。

男性大脑的体积要比女性大脑体积大10%，脑细胞也要多5%。这对男人们来说似乎是一个好消息。但是同样的体积的处理能力而言，女性大脑以其他的方式更好地弥补了在体积上的差距。

首先，女性的大脑默认为我们所有人。我们在子宫里的头 8 周时间内，我们都拥有一个女性的大脑。然后基因和性激素开始发挥作用。对男孩们来说，胎儿睾丸激素激增导致了大脑通讯中心的细胞被破坏，而性和攻击中心的细胞开始生长。同时，女性胎儿，因为缺乏男性荷尔蒙，继续按照以前的方式生长。

这样发展结果是造就了两种截然不同的大脑。特别是女性在沟通和情感理解方面更具优势。小时候，与男孩相比，女孩更能理解他人所受的痛苦；在成年时，女孩有更大的能力去理解别人的想法和感受。

12 个月大的女孩，更加能体会到别人的痛苦。7 岁时，让他们去判断人们的话语中隐含的痛苦时，女孩的得分比男孩更高。女人们更加敏感，更善于理解非语言交流，能够发现声音或表情中最微妙、最细微的差别，从而判断出人们的性格。

相反，男人们在理解他人方面面临更大的挑战。剑桥大学最近的一份研究揭示了男孩在子宫中吸收的睾丸激素的数量与孩童时代跟旁人眼神交流能力的缺失之间有着关联性。由此可以推断出男人的大脑在睾丸激素中浸泡了七个月的时间，这使得他们理解他人、跟他人建立联系的能力减弱。

而这种理解他人、跟他人建立联系的能力恰恰是一个营销员最为重要的能力。这就清楚地说明了为什么在营销工作中女性具有生理优势。她们的大脑善于理解别人。

如果我们把大脑切成两半，我们就会发现大量的纤维连接着左右半脑。这个连接的路径被称为胼胝体。它是由超过 200 米的神经纤维构成，并充当着连接左右半脑的高速路的功能。左右半脑处理不同类型的问题。

右脑主要进行整体和直觉思维，左脑主要是逻辑和分析功能。

在营销中，特别是在市场研究中，必须同时能进行着两种类型的思考才能成功。营销人员必须能够将定性和定量研究相结合，才能对市场进行深刻的洞察。在这方面，女性大脑又一次占了上风。有关人类大脑的许多研究总结出女性的胼胝体比男性的更大，因此能更好地使用这两种功能。这就降低了每种功能的专业性，但是使这两种功能更好的结合在一起。简单说来，女性能够把定性研究所带来的直观挑战（了解对于客户来说什么是重要的）和定量研究带来的分析上的挑战（评估各个变量的重要程度）有机结合起来。相反，男性营销员更喜欢用一种单一的方法，因此他们不会获得出色的营销见解。

很显然，女性的大脑不仅仅只限于做营销方面会有优势。实际上，在很多工作上，女性都会有明显的优势。例如女性心细如针，且做事有条理和耐心，这种特有的个性，就是女性就业的优势，这类适合女性的工作也有很多：美容师、SPA 师、芳疗师、家政等。而男性在这些工作上是明显具有劣势的。女性的职业优势主要有：

（1）语言能力的优势。

由于先天的原因，女性的音质悦耳，音调柔和，总体上女性运用语言的能力强于男性，并有较好的语感和外语接受能力。因此，从事翻译、编辑、文秘、公关以及教育工作正是女性发挥特长的好选择。

（2）思维能力的优势。

女性形象思维明显高于男性，思考问题也普遍具有细致、周全的优势。美国一位科学家认为：女性的思维是“网式思维”，而男性的思维则是“阶梯思维”，女性的思维方式能够同时做 5 件事，比男性更善于协作。大脑的外皮是大脑的“指挥中心”，它控制着人类的思维，而男女大脑的外皮结构是不同的，女性至少有一个区域比男性要大。这种大小的区别，影响了男女的思维方式。

另外，女性的网式思维也跟人类历史的演化过程有关。人类祖先在捕猎大型野兽时，男人必须精力集中，反之会有被践踏或被吃掉的危险。

一个世纪一个世纪地逐渐演化，男性的大脑结构慢慢地筛去了边缘思想，注意力的集中性慢慢地增加，导致他们形成一步接一步地做出决定的思维方式。而女性的网式思维能力也来自于她们在原始时代的工作性质。她们在恶劣条件下养育婴儿，需要同时做许多事情，比如要看孩子周围是否有蛇，注意是不是打雷下雨，尝尝食物有没有毒，摇摇困了的孩子，给闹脾气的打打岔，教教好奇的，安慰胆小的，喂喂饿了的，同时还要给火添柴做吃的东西。这样，妇女在养育婴儿的过程中，需要在心理和身体上巧妙应付，从而形成了突出的关联性思考问题的才能。女性的网式思维在管理中处理复杂的难题时，占有极大的优势。

随着信息化和全球化的发展，人们在做决定的时候不得不权衡和综合越来越多的因素。女性的网式思维使得她们在解决问题时更善于协作，更注重全局而非局部，权衡更多的变化因素。

同时，女性的记忆力强，贮存的大量信息易激发她们思维中的联想与想象。因此，女性在担任工程设计、制定工作计划、构思规划方案等方面，往往使人感到优美、典雅、和谐、细腻和直观新颖。在文艺、文学、艺术等领域，承担细致周全的工作也是她们择业的好去向。

（3）忍耐能力的优势。

从生理构造上来说，女性本来就比较有忍耐力。无论是身体的忍耐、食欲的忍耐、噪音的忍耐等，没有一项忍耐力是男人强过女人的。

如身体的忍耐，女人就能坐得比男人久。男人肩膀宽，女人臀部大，臀部大意味着重心就低，是很适合坐着的姿势。坐姿正是从事长时间手部劳动的姿势；再者，重心低使女人坐下之后更能安定精神，以便有耐心来做事。女性可以忍耐衣服的窄小，但男人的服饰多半要宽大一点。母亲常常以自己的手臂充当小孩睡觉的靠枕，这对男性而言简直是个特技。

在饥饿的情况下，女性也较男性更能克制。这和储存能量的皮下脂肪厚度有关。而处于饥饿状态时，女人的耐性也较男人优越，此刻的男性大概脾气都会变得暴躁起来。

对噪音的忍耐源于女性要照顾啼哭的婴儿，而男性就丝毫无法忍受小孩的哭声。和这种忍耐力类似的，还有忍耐肮脏、忍耐流血以及忍耐熬夜等。能熬夜也是从生养孩子的经验中培养出来的。所以女性拥有男性所无法比拟的忍耐力。

忍耐力强还使女性能更加执著地追求目标，更加能适应生活的打击和挫折。女性的忍耐力还表现在当工作、事业面临紧急、不可预料的情况时，有时甚至比男性更坚强、清醒、冷静。

（4）交际能力的优势。

女性普遍具有态度温柔和蔼、感情丰富且善于体谅别人的处境和困难的优势，在社交场合或工作协作中能表现出较强的人际交往能力，更能赢得别人的好感。因此，女性从事商品推销、工程项目联系、签订合同等工作有较大的优势。另外，女性的记忆能力较强，有利于数字、号码、词组、地名、人名的记忆，在与人交往中，能很快地记住对方的姓名、地址、电话等一些个人情况，这是女性获得信任和交往的又一法宝。

（5）管理能力的优势。

受过良好的高等教育的女性，个人修养好，善于广泛听取各方面意见并认真分析、采纳。同时，女性温和、谦逊的品格使她们易于与人共事，友好相处。加之人际交往方面的特长，她们更能够在机关、企事业单位管理中发挥自己的才能。

职场女性在了解自己的优势后，应理智地选择适合自己的奋斗领域。女性的语言能力、手指灵敏度和精细动作、语言推理、知觉速度、艺术欣赏方面高出男性一筹。因此，女性在从事文学、教师、演奏、精细的手工、社会科学研究、秘书、速记、艺术等方面职业表现尤佳。但在工程机械、数学、自然科学与社会科学的纯理论方面根据目前统计的数据来看，女性的成功率低于男性。当然这也是诸多原因造成的。所以，女性在职业选择上应“有所为有所不为”，趋“利”避“弊”，扬长避短，造就成功女性。与此同时，女性也应科学地对待自己的个性优势，合理有度地利用女性个性特长上的优势是女性成功的一种资本，如果任其过分张扬发展到极致，则会走向成功的反面。过分的细致和细腻会使女性纠缠小节，忽视大节，缺乏全局观念；滥施同情心的结果是原则性的丧失；过于温和与谦逊又使女性领导缺乏魄力和威信，阻碍政令畅通；柔性的无限制发展便变为犹疑不决，优柔寡断，缺乏果断性，往往错失决策的良机。所以，根据自己的优势和擅长的领域来选择自己的职业和岗位，会让我们更容易成功。总结起来，女性有十大占有明显优势的职业。

（1）公关。

公关是女生的“传统优势项目”，也是现代社会经济生活中一门高深的学问。在传统上，女性比男性具有更大的公关优势：表达能力、交际能力、协调能力都比男性强而且更富于情感性。在竞争越来越激烈的知识经济时代、在眼球经济时代，公关比任何时候都更重要，因而使女性发挥自己优势、展现自己能力的机会也更多，而且更容易取得大的成就。

（2）人事管理工作。

女性所特有的亲和力及号召力使她们更胜任人事管理的工作，能更好地协调团队的工作。

（3）服务业。

服务业是十分适合女性的一个行业。很多成功女商人都曾从事过这一行业的工作。因为女人的直觉感十分强，她可以清醒地看到每个层次的人们的需要。因此，选择服务业是发挥女人优势的一大天地。

（4）教育业。

女人天生就有一种母性，这种母性使女人有着比男人更强的心理优势。女人的母性、温柔、心细、耐心等天生特征都是女性从事教育业的优势。

（5）传播业。

在报纸、期刊和图书等出版行业里，女性的优势处处可见。她们拥有女性记者的采访优势，细心可以使她成为优秀编辑，她们的直觉判断使她们能够策划出读者喜爱的题目……女人在这个领域具有极大的发展潜力。

（6）广告业。

你会想到，如果你设计出杰出的作品，就能得到客户的赞赏，可获得广告设计比赛的奖金；如果你善于交际和筹划，你会从客户手中得到很多很多钞票，还会受到宴请和热烈招待。女性很容易掌握这方面的才能，是可以干的。可是有两点你必须特别注意：一是你能设计，二是你能制作。这好比一个律师，你既能出庭为人辩护，同时还有自己的事务所。在广告这一行里，你要做代理人，同时还要有自己的广告公司，最好不要亲自动手设计，要开公司，请人设计，广告界是个广阔而又奇妙的天地，也是一个对女性开放的天地。

（7）会计业。

在西方，有两大就业潮流：很多男孩学电脑，成为电脑工程师；很多女孩学财会，成为财务管理人。在中国，也有很多女性成为非常吃香的会计师。女人的天性适于和数字统计打交道，会计业因此成为她们特别擅长的行业。

（8）律师业。

女性也很适合从事法律工作。律师需要记忆力强、思维敏捷、善交际、善言辞等特点，很多女性都天生具备。在律师行业里，大有作为的女律师不乏其人。

（9）艺术界。

在这一行业里虽然有许多大学毕业生，但也有些没念过大学的。戏剧包容量很大，有学位的和没念过大学的人同样有成功机会。当演员、歌手、当技术员、当编剧、当导演等，女人都可大显身手。

（10）保险业。

保险经纪也是女性极具优势和行业。女性特有的关心他人、善于表达和热情开朗都有利于她们做好这个工作。

当然，女性的职业优势不仅仅是这些方面，还有如从事零售业、室内装潢、公务员、服装设计、电商等，都具有一定的优势。因为女人的头脑注定在这些工作上比男性表现得更好。

2 天生的细心，让女性更适合细致型工作

细心是女性的特征，也是女性的一大优势。不管做什么事情，女性总是比男性想得更多、更细、更周到，对事情的细节也更重视。而细节恰恰是我们做很多工作的要中之要。常言说得好："魔鬼就藏在细节里。"如果不能重视细节，藏在里面的魔鬼就会出来捣乱，我们的工作就会受到影响。

乌鲁木齐一家做对外出口贸易的公司，好不容易将一个大的订单抢到手里。时间紧，任务重，所有的人都加班加点地干，终于在规定的时间内完成了任务。大家都不由得松了口气。可是，商品刚运到，对方就打来了一个电话，气急败坏地对他们的工作责备不休。原来，这些产品的质量没有问题，但在包装上却出了问题。那个厂址本来是"乌鲁木齐某厂"，由于当时大多数人只是把重点放在了赶制产品上，却没有仔细审查外包装，结果"乌鲁木齐"被印成了"乌鲁木齐"。虽然只有这一点没有做到位，却使这一整批的货物全部无法发出去。这家公司既要承担巨大的货物压库损失，还要承担合同违约的赔偿，损失极为惨重。

从这一个很经典的职场案例，我们可以从中看出细节的魔力。

可见越是小事越不能忽略，越是细节越不能轻视。事无巨细，小事情含着大道理，小问题包容着大智慧。所有的大事都是由小事组成的，只有把细节做好了，才能做好大事。很多工作都是很精细的，更需要耐心细致地去做才能做好。

比如企业的财务人员、精算人员、结算人员等，每天要整理大量的票据单子，填写数据一个符号都不允许出现差错，每天重复一项工作，没有一种精神是完成不了的；电脑人员每天要录入大量的合同数据，光有工作激情是不够的，还需要对工作的每个细节都做到严、细、精；业务人员每天要签订合同，同样要严细、认真地去对待。再比如一些高科技产品的加工和测算，更是需要精确到极细小的程度，必须有高度的细致才能完成，稍不注意，就很有可能会功亏一篑。

而女性天性中就有的细致和耐心，正好是做好这些精细化工作的最好的人选。作为女性，一开始就可以根据自己的天性和自己喜好、特长来选择最适合自己的工作，这样更能发挥自己的特长，把工作做得更好。比如一些精细型的工作，都是适合女性来做，而且会比男性做得更出色的。通过仔细分析，这样的工作主要有以下几类：

（1）金融银行业。

金融银行业在国内算是垄断行业之一，一般职员的薪金在全国平均薪金中高高在上，进入这个行业的门槛很不容易。据预测，一骨干员工的年薪在6万元人民币左右，中层管理人才的年薪20万~30万人民币，高层管理人才的年薪可达50万人民币以上，甚至100万元以上。因为是与数字打交道，而且需要高超的业务能力，女性更擅长和出色。

（2）公务员。

公务员指依法履行公职、纳入国家行政编制、由国家财政负担工资福利的工作人员。公务员职位按职位的性质、特点和管理需要，划分为综合管理类、专业技术类和行政执法类等类别。特别是像工商、税务、法律及调解员等职位，更需要耐心和细致的工作作风，所以更适合女性。

（3）服务业。

服务业是十分适合女性的一个行业。很多成功女商人都曾从事过这一行业的工作。因为女人的直觉感十分强，她可以清醒地看到每个层次的人们的需要，同时女人的细心可以让她们能为客户提供优质的服务。因此，选择服务业是发挥女人优势的一大天地。

（4）传播业。

在报纸、期刊和图书等出版行业里，女性的优势处处可见。她们拥有女性记者的采访优势，细心可以使她们成为优秀编辑，她们的直觉判断使她们能够策划出读者喜爱的题目……女人在这个领域具有极大的发展潜力。

在影视传播中，女性的新构想和新观念可以在这里充分施展，把它们变为形象和声音，传播到世界上的每个角落。女性可以携带摄影机云游四海，走遍天涯。如果感兴趣的话，还可以当一名电视记者，与一些大人物、著名学者常来常往，获得丰富的知识。电视这一行也是值得干的。如果不愿意抛头露面的话，干广播这一行也不错。

（5）化妆业。

女性的细心和温柔，加上一双非常灵巧的手，让她们特别适合做化妆师、纹绣师等。

3 心思缜密，精打细算的工作也适合

女人的心思是最缜密的。女性善于观察身边的一切大小事物，大到天南海北的政治事件，小到身边人的一个动作一个眼神，所以一般大小事都逃不过女人的眼睛。即使有些女人平时大大咧咧，口无遮拦，但她也有心思细腻的一面。这种缜密有时也会和敏感联系在一起。

关于这一点，林语堂做过精彩的表述：“女性的可爱和美丽，以及温柔和狡猾的手段，在生存目的上自有其价值。男人有着较强壮的臂膀，跟他们战斗是不能取胜的。所以唯有贿赂他，谄媚他，博他的欢心。这便是现代文明的特性。女人不用抵抗和进攻的策略，而用迷惑的手段，不用武力去达到她的目的，而尽力用温柔的方法去实现。”所以，林语堂认为，“人类的文明是由女人开始的，而不是由男人”。

女人的缜密是不易让人察觉的，但是，一旦察觉，就会给女人大大地加分。女人的缜密表现为女人比男人更容易养成日常的好习惯。小到不丢三拉四，善于整理自己的周围环境，大到对事业和男人的细心观察，对数字也更为敏感，善于精打细算过日子。因而财务会计、出纳、后勤供给以及资料员、保密员等一些需要精打细算的工作天生就属于女人。

比如说会计。要做好会计，不论学历高低，必须思路清晰；不论工作年限长短，必须持之以恒；对待财务数据要慎重端正，平时工作要使劲；面对利益诱惑要坐得正；面对各种财务风险跟压力要淡定顶得住，而这些都是女性的优势。

会计简单来说可划分为两类，一类是记账会计，另一类是管理会计。记账会计首先就是要做好自己的本职工作，把公司的业务往来账务做好，登记好各类凭证，做好每个周期的财务报表，将企业单位的运营状况如实反应相关责任人。而管理会计则是需要具备较强的规划能力，首先需要对企业单位的财务运作进行精心规划，还需要对税收与资本进行周密筹划，可以说这个职位就是企业单位的“财神爷”。从会计从业结构区分，记账会计或者一个初入会计行业的人，能做记账会计本职工作就已经很不错了。倘若我们将记账会计放在财务经理甚至财务总监这个位置上，那么这个企业单位的财务状况我们可想而知。因此我们常说一位卓越的财务经理或财务总监，首先必须是一个精明能干的管理会计。如果仅仅只具备记账会计的能力，而坐在管理会计的位置上，仅从企业长远发展考虑，这个也是极度不稳妥的。

所以，女性缜密的心思，恰恰在精打细算方面极有优势，因而，高级财务官也是很适合女性的工作。

同时，会计是个细致精细的工作。如果容易冲动，好动，坐不住，要做好会计这份工作是比较难的。浮躁的人是不太适合从事会计工作的，而女性性格比较沉静，恰好适合。其次，会计的主要工作是需要跟数字打交道，要做好会计工作必须要有清晰的条理，处理各种财务问题要有明确的思路，一个对数字感觉到厌倦，对数据缺乏亲和力的人也不适合会计这份工作，而心思缜密的女性最适合。会计是一个既要与单位内部上下进行沟通，又需要面对税务、银行进行外部交流的工作，缺乏交际能力，沟通能力，性格太内向的人是不太适合做一个管理型会计的，最多可以做一个记账会计，女性在这方面又占了很大的优势。而且还有最重要的一点，女性天性谨慎小心，对账目会更细心，更小心，一丝一毫都不允许自己犯错，更不会放纵自己的小贪心，抵御经济利益的诱惑，因为会计是跟金钱与数字打交道的，在这行里，数字就是金钱，金钱就是数字，如果品行不端者很容易与其他利益群体，同流合污沆瀣一气，容易把法律法规抛之脑后。女性缜密的心思会首先想到这一点，因而对财务的工作会更加上心，也会做得更好。

其实不仅仅是做财务、做会计，能发挥女人心思缜密的特点，做任何工作都能让我们减少失误和获得尽可能多的成绩。当然，在女人缜密的同时，别走上过于敏感的道路。有人戏言，女人是这个世界上最敏感的动物。其实说的也没错。这个世界上没有一个女人是不敏感的，这也是和女性心思的细腻有着直接联系的。所以也有人说女人的眼里容不下一粒沙子。但再仔细想想，眼里要真的有了一粒沙子，那该怎么办呢？越是使劲地揉，越是会给眼睛带来伤害，为什么不采取轻轻地把眼中的沙子吹掉的办法呢？这样，沙子和眼睛都会少受一些苦。所以，女人心思缜密不是坏事，但如果心眼再如针尖般细小，那就不是件好事了。心思细腻加心胸阔达的女人才是精明的女人。要学会用细腻的心去观察，用阔达的胸襟去面对世间的每一件大小事，这样的女人，才是把自己的优势发挥到了极致。那么，在职场，这样的女人也必然会独占鳌头，成为翘楚。

4 心地善良，适合播洒爱心的工作

什么样的女人最讨人喜欢？答案是五花八门的。有人喜欢漂亮的女人。因为漂亮的女人使人赏心悦目，就好像是一处美丽的风景。有人喜欢聪明的女人。因为聪明的女人能令人心智大开，跟她们在一起是一种真正的愉悦。其实，最讨人喜欢的是善良的女人。可能因为自己也是弱者，因而女人在心理上自然而然有了更多的对于弱者的同情。她们会因为一只小动物的受伤而不忍，会因为别人的痛苦而伤心。这样的心怀，怎么可能不打动别人？

有一对夫妻，丈夫高大英俊，事业有成，几年间已经成为当地首屈一指的企业家。而他的妻子身材矮小，貌不惊人，二人却恩爱无比。有人问这位丈夫：“你妻子的什么地方最吸引你？”丈夫想都没想就说：“善良！”

“我和我妻子从很小的时候就认识。那时候我们俩的家相邻而居，我经常到她家去玩。她不漂亮，但我还是被她深深吸引，因为我总是看到，她把自己积攒的零花钱送给讨饭的人，端一碗热水看着讨饭的人慢慢喝下，她甚至把一只断了腿的濒死的小狗抱了一整天，直到狗死去。她泪水盈盈的双眼中的慈悲之光，让我觉得她就是一个降落在人间的天使。到现在，她依然善良，依然是我的天使！”

善良是所有美德的基础，是女人最美丽的本性，是最纯净的展现，也是最能打动人心的魅力所在。法国作家雨果说得好："善良是历史中稀有的珍珠，善良的人几乎优于伟大的人。"所以，女人要固守这一天性，保持善良的本色，发挥天性中的慈悲之心。

漂亮的女人是赏心悦目的，使人心旷神怡，可是只有拥有善良，女人才会永葆魅力。如果说拥有漂亮的容颜是女人的运气，那么善良的心地则是女人一生都享用不尽的财富。

心地善良的人，时时刻刻都会为别人着想，为人的安危着急，甚至不需要思想，已经成为一种自然而然的习惯。善良并不一定要做出轰轰烈烈的业绩，它只需要我们在每一天带着清新的微笑爱你的家人、爱你的朋友、爱你擦肩而过的陌生人，甚至只需要我们出自内心的举手之劳。

船主请修船工给自己的小船涂刷油漆。修船工涂刷完油漆后发现船底有个小洞，就顺手把洞给补上了。过了几天，船主拿了一个大红包来找修船工。"这是我给你的感谢……""修船的工钱不是给过了吗?""这是感谢你把我船上的洞给补上了。"修船工说："这只是我顺手做的一件小事。"船主说："前几天我的孩子们驾船出海，等他们走后我才想起船底的洞。我想这下坏了，他们再也回不来了。可最后他们平安回来了。这是因为你的善良，因为你顺手做的一件小事啊！我要感谢你！"

修船工在刷漆的时候，见船底有个小洞，就顺手给补了。修船工为什么能"顺手一补"呢？因为他有一颗善良的心。他其实是担心这个小小的洞会成为隐患，会使坐船的人受到伤害。但可能他自己都没有意识到他是这样想的，他这样担心着的。因为对于他而言，为别人着想，已经是一种习惯，一种想都不用想就会做的天性了。

在词典上，善良是这样解释的：形容心地纯洁，没有恶意。心地纯洁，没有恶意，就是心要没有杂质。一个女人内心善良才能够做到神态平和、举止优雅，气质自然显现。善良的女人是爱帮助别人的。她们看到同事有困难会伸出援助之手，她们看到同事的成绩会衷心祝福。她们不会无端嫉妒，不会损人为己，她们待人谦虚而自信，积极向上而不嫉妒倾轧，欣赏别人的美丽而不自卑，了解自己的长处而不嚣张，勇于负责而不跋扈。这种优良的品德会形成一个女人雍容随和的气质，并产生一种安详高雅之美。这样的女人，也会成为职场上最成功的人。

善良的女人是温暖的，时刻充满着爱，散发着迷人的魅力。所以女人更适合做一些播洒爱心的工作，比如慈善业：医生、护士、幼儿老师等，都是适合女性的绝佳职业。她们在这些职业上能最大限度地发挥自己善良天性的优势，把工作做得更好。

“持提女神”南丁格尔，也用行动阐述了善良。南丁格尔出身在一个贵族家庭，却会为了帮助别人而抛弃无忧无虑的生活去选择从事当时地位十分低贱的护士。正是因为她天性中的善良，才使她立下了解除病人痛苦的宏愿，并终身为之付出，开创了护理业这样一个伟大而温暖、充满爱心的职业。

南丁格尔从小就很有爱心，虽然出身贵族之家，过着锦衣玉食的生活，但天性中的善良让她从小就懂得帮助别人。她不怕肮脏和吃苦，去帮助茅屋中的病人。因为不少病人缺衣少食，她常常硬要母亲给她一些药品、食物、床单、被褥、衣服等，但全家人都反对她这样做。在当时英国人的观念中，与各式各样的病人打交道，是非常肮脏而危险的。人们对于“医院”“护理”这样的字眼一向避而不谈，因为这都是一些很可怕、很丢脸的事情。

但南丁格尔没有放弃。她从各个方面学习护理方面的知识，想方设法为病人服务，终于，她的技术过关了。她不顾家人的强烈反对，来到西道尔·弗利德纳牧师的收容所。这所机构拥有一所医院，一所育婴堂，一个孤儿院和一所培训女教师的学校。这里所有的工作她都学着干，一点儿也不肯落下，甚至连手术护理她也参加。

此后，南丁格尔觉得自己听到了上帝的声音，要她完成一个使命。1850年5月12日，正好是她30岁生日，她在记事簿上写下了这样的生日感言："今天我30岁了，正是耶稣基督开始献身布道的年龄。从此不应再有幼稚的举动。不应再有爱情与婚姻的念头。只有让我遵循上帝的旨意思索，依照他的安排去做。"她感到，投身护理事业，正是上帝赋予自己的责任！

1853年，土耳其、英、法等国与俄国爆发了克里米亚战争。35岁的南丁格尔积极要求前往前线护理伤兵。她带领一个38名的护士团到斯库塔里，投入忙碌的工作。

南丁格尔夜以继日地将全部心力投入护理工作，使医院逐渐走上轨道，而她的办公室，也自然成为放射温暖与爱心光芒的中心。英军的医院院址，原是土耳其的驻军营房，建筑因陋就简，设备更是奇缺，整个医院肮脏破乱。南丁格尔拿出自己的3万英镑，为医院添置药物和医疗设备并重新组织医院，改善伤员的生活环境和营养条件，整顿手术室、食堂和化验室，很快改变了战地医院的面貌，只能收容1700名伤员的战地医院经她安排竟收到3000~4000名伤员。6个月后，战地医院发生了巨大的变化，伤员死亡率从42%迅速下降至2%。为了更好地照顾伤兵，她建立了护士巡视制度，每天夜晚她总是提着风灯巡视病房，每天往往工作20多个小时。夜幕降临时，她提着一盏小小的油灯，沿着崎岖的小路，在4英里之遥的营区里，逐床查看伤病员。士兵们亲切地称她为"提灯女士""克里米亚的天使"。伤病员写道："灯光摇曳着飘过来了，寒夜似乎也充满了温暖……我们几百个伤员躺在那，当她来临时，我们挣扎着亲吻她那浮动在墙壁上的修长身影，然后再满足地躺回枕头上。"这就是所谓的"壁影之吻"。因此，"提灯护士"和"护士大学生燃烛戴帽仪式"，也成为南丁格尔纪念邮票和护士专题邮票的常用题材。南丁格尔因此也成为现代护理学的开创之人。

因为南丁格尔终生的付出，彻底改变了英国上下对护士们的估价并大大提高了妇女的地位，护理工作从此受到社会重视。同时，这也为妇女开辟和创建了一个崇高的职业。以至于到目前，从事护理行业的人绝大多数都是女性。这正是因为女性天性善良，更有爱心，更适合这种播洒爱、付出爱的工作。

一位真正称职的护士，不仅仅需要有专业的护理技术，更需要有一颗善良的爱心。只有心怀慈悲、仁爱之心，才能真正理解和体谅病人的痛苦，才能真正在病人有困难的时候及时伸出自己援助之手，才能真正做到换位思考，站在病人的立场上想想病人最需要什么样的帮助，才能不怕脏累苦。这才是一个优秀的护士。

严青是一家社区医院的护士长，是一个善良而尽责的好护士。干了10多年的护士，她已经把病人当成了亲人。很多次她看见严重便秘的病人使出吃奶的力气都排不出大便而灌肠无效时，就毫不犹豫地伸手帮他们掏出粪便，她脸色都不变一下，并没有感觉有什么脏的。每次为病人灌肠或拔出尿管后，她都守着病人看着他们排出大小便后才心里踏实，从来没有感觉到那些粪便恶心，反而在为病人解除痛苦后，严青心中欣喜不已。

曾经有一个实习的护士给病人塞了一枚消炎止痛栓，她回来后呕吐不止。严青很生气："如果塞肛就让你恶心呕吐，那么你根本不适合做护士。如果让你给病人抠出粪便，你会做吗?"并不是严青的要求过分，也并非护士的工作下贱，当面对连排便这些起码的生理需求都不能满足的痛苦病人时，心地善良、尽职尽责的好护士是不会袖手旁观的。

善良是一颗温暖的火种，走到哪里都会给人带来温暖；善良是一阵清爽的风，吹到哪里都会给人们带来丝丝清凉；善良是一阵芬芳，飘到哪里都会沁人心脾；善良是美好的种子，带到哪里都会收获更多的美好；善良是一颗爱心，洒向哪里就都会充满人间的温情。

所以，天性善良的女性更适合那些播洒爱心的工作。医生、护士、老师、服务员……她们都会用她们的善良和温柔，把这些工作做到最好，并把爱传递到更远的地方。

5 谨慎和小心，使女性更能远离危险

冒险似乎是人类的天性，这可以从人们对一些极限运动中见出端倪。很多人对于飙车都有无限的向往，对一些极度冒险兴致盎然，甚至把生死置之度外。

美国心理学家通过对犹他州帕克城很多滑雪爱好者的调查，发现其中很多人面对风险，依然乐此不疲。如 2004 年冬天，美国犹他州帕克城附近有 5 位滑雪者无视警示标志，翻越栏杆到没有保护措施的雪坡上飞驰而下，结果无一幸免于难。与此相同的例子举不胜举。比如，我们会看到有很多“亡命之徒”无视交通法规，在国道上玩飙车，高风险驾驶；我们还看到一些人爬上几百层的高楼，在楼顶歌舞取乐；我们也看到一些人爱好高空走钢索，在几百米高的空中，玩着各种花样动作，甚至连保险绳也不要；甚至连最普通的生活中也被各种冒险的思维充斥着，“富贵险中求”，为了名利财富，无数的人不惜以身犯险，玩心机，耍计谋，欺上瞒下，损人利己，贪污，贿赂，偷盗，抢劫，甚至杀人放火，卖枪运毒，无所不用其极。

由此可见，冒险似乎是人类的一种天性。有趣的是，这种冒险精神大多都在男人身上表现得更突出一些，女人似乎对冒险有一种天然的抗拒心理。英国心理学家发现，男女的冒险倾向大不相同，男性的冒险倾向是女性的两倍。究其原因，是因为男人和女人的基因存在差异。也就是说，男性和女性对于冒险的不同态度，是天生的。女性更机警和谨慎，而男性更大胆和粗心。

英国心理学家杰夫·特雷齐2012年1月11日在英国心理学协会于切斯特召开的年会上说，3年前，英国金融管理局委托他的心理顾问公司对金融投资者做风险承受能力调查，于是他与同事调查20个不同工作岗位的约2000人。

调查人员把调查对象分为8种不同的风险承受类型，分别是：非常低承受能力的机警型；低承受能力的谨慎型；普通承受能力的深思熟虑型；高承受能力的镇静型；非常高承受能力的冒险型；高承受能力、喜欢变化和探索新事物的无畏型；普通承受能力、爱临时做决定却又担心事情往坏方向发展的冲动型；低承受能力、多疑与爱自我批评的紧张型。

调查结果显示，机警型与谨慎型的女性数量是男性的两倍多，冒险型和无畏型的男性是女性的两倍多。

“我们感到吃惊，”特雷齐说，“男性与女性的冒险倾向在数据上存在相当大的差异。我们怎么也没有想到差别会如此大。”

他说，调查结果出人意料：“从程度上来看，冒险倾向可以称得上是男性与女性的区别性特征。”他说，这也在一定程度上解释了，为何男性领导人和女性领导人的领导风格不同。

他猜测，这样的区别由进化形成。早期人类中，男性要负责打猎，因此必须冒险，女性要靠谨慎、细致才能把家庭成员维系在一起。

“男性与女性的冒险倾向区别来自基因，在进化过程中达到一定平衡，这是我们的种群能够生存下来的原因。”特雷齐说。

这种天生的差别在平时的工作中也很容易看出来，女性更偏向于安稳，安守现状，而男性更愿意折腾，更愿意进取，哪怕冒险也会勇往直前。在生活当中，我们经常会看到一些带有危险性的运动，比如蹦极、瀑布漂流、横游海峡、无保护走钢丝，以及野外探险等，几乎都是男性所为。而在很多高压高风险的行业中，大多数活跃的也是男人的身影。

这从进化心理学的角度来看，也是可以解释的。对于男性而言，冒险会使得他们在获得生存资料和社会地位上占有优势，这种优势最终又有利于男人吸引配偶，使得他们有机会寻得更适合自己的异性，从而能更好地生殖和遗传。所以，冒险对于男性是具有积极的进化意义。但是，对于女人，冒险则又是另外一回事了。女性因为自身生理条件比男性更脆弱，选择回避风险才能更好地做好生殖和养育孩子的工作。因此，避险之于女人才能更好地适应进化。

从生理学上来解析，除了基因的作用以外，多巴胺的作用也很明显。科学家通过10年来对大脑化学物质和基因的研究，得出了这样的结论：人体内的多巴胺才是人们追求冒险和刺激的真正“元凶”。

多巴胺是一种神经介质，会在神经元之间传递信息。当外在的刺激作用于人脑时，多巴胺就会把这些刺激在神经之间传递，这些刺激就会直接作用到人的心理上，人们寻求冒险的欲望就会“蠢蠢欲动”。所以，当人们处于高空跳伞所带来的“如痴如狂”状态时，其实正是大脑内有大量的多巴胺在神经元之间飞快“流动”。而男人更容易产生多巴胺。这就解释了为什么男人比女人更爱冒险。

女人不爱冒险，而且对于危险有一种天然的机警和逃避。这一点，其实也是女性的职场优势。特雷齐在谈到企业管理人员应该如何利用这一区别时，就说：“冒险行为有必要也值得去做，但是我们需要……平衡。”调查结果意味着，企业主管与资深员工间若能在男女比例上获得平衡，对企业发展有益。“你很容易就能看出来，女性的机警、细致和长远眼光与男性的冲动、无畏和冒险相结合，将是多么有效。”他说。无论是银行、政府还是董事会，要想在当前的经济形势下保持不败，就要让更多谨慎的女性参与到决策中去。这样看来，各家企业应该做到男女员工比例搭配得当，才能既不冒进、又不保守，在激烈的竞争中平稳生存下来。他说：“在投资银行业这个男性主导的行业里，如果想生存下去，就必须在各种冒险行为间取得平衡。如果你不雇用风险承受能力不同类型的员工，就失去最基础的自控机制。”

所以，女性这种机警和谨慎的天性，使得她们更小心稳当，更有利于稳健型的决策和工作，因为她们更懂得如何避开危险，安全生存。她们更适合于一些需要判断危险性、远离危险的工作，比如投资顾问、安全员、公务员、理财分析师、危险评估师等。有报道称，女性参政有助于反腐。为什么呢？因为女性的冒险心理小，不会胆大包天收受巨额贿赂。不过，从目前查处的贪官来看，也有不少女贪官，所以，这种优势也只是从普通的规律来说的。对于不同的个人，还需要自己严格把握才能真正做到不冒险，不冒进，安全稳妥。

6 敏锐的“第六感”，帮助女人做出更精准的判断

女人有异乎寻常的“第六感”——也就是除了通常意义的视觉、听觉、嗅觉、味觉和触觉等五个基本感觉外，人体对机体未来的预感，也把这种感觉称为“机体觉”“机体模糊知觉”，也叫做人体的“第六感觉”或“直觉”。据科学家统计，女人的直觉的敏锐度和精准度都大大高于男人，甚至有不可思议的精确。有时候甚至比最高级的计算器更灵敏，

比神仙更能感觉到细微的变化。

比如男人在约会了别的女人之后，把吃饭的收据、饭馆的火柴等可以成为物证的东西，统统扔掉，心想：这下老婆就不会察觉了。回到家后，又表演一番："今天真是累坏了。我去接待公司里一个老客户，真是受不了！"

"你撒谎，今天晚上到底干了什么，对我说清楚！"简直是洞察一切。即使在千里之外不需见面仅仅通过电话也似乎能够一眼看出，让男人止不住地惊叹，甚至有些恐慌。

女人的这种直觉能力为什么如此敏锐呢？

究其原因，第一，因为男子在理论性思考能力方面比较强，而女子则是在感情直觉能力方面优越于男性。男人在想要了解一件事情的真相时，往往是进行逻辑性的推理，攀登理论的台阶，因此，当这种台阶突然中断时，他们就无法继续前进。于是得出"这事情实在复杂，令人费解"的结论。而女性并不采取这种按部就班的方法。她们并不太重视此事是否合乎情理，而是非常相信自己脑海中瞬间闪现的印象。她对某事感到怀疑，往往不是因为事情不合情理，而是因为对方的眼神、表情、声调等有某种不自然的地方，或者根本就是基于本能的一种感觉。这种感觉也未必百分之百准确，但很多时候都是对的。

其次，因为女性的生活空间比较狭窄，而且心思细腻，不像男性那样大大咧咧，因而她们对于某一件事情更能集中起注意力，并且可以将这件事情同其他事情联系起来，从而使第六感更敏锐。

而这种特质，正是女性在职场的又一大优势，有利于女性做出更精准的判断，从而减少工作出错的机会，让工作更完美。达令在其著作《高跟鞋王国的管理智慧》中提到这样一个故事。

安妮是某知名消费品公司的市场行销总监，虽然平时工作强度已经非常大，但她总是能够凭借自己的努力，出色地完成一切工作，用她自己的话说就是"做市场这块就别想休息"。对此，无论是安妮的下属还是领导，无不对她赞赏有加。

最近安妮接到了一个新的项目。正在她准备大干一番、大展身手时，手下两名员工突然以亲人病重为由，向安妮申请一个月的假期。开始时，安妮只是觉得有些不爽，于是说要考虑一下。后来，她越想越觉得不对劲。她的直觉告诉她，这里面一定有阴谋。毕竟，这两个手下平时算得上是部门中的骨干，一直兢兢业业，不会说请假就请假，而且理由都是一样的，未免有些蹊跷。突然，她回想起前几天来与自己谈合作项目的老客户张经理，他和自己谈完生意后又和这两名骨干交谈了一番，但由于那时忙着业务就没询问。“莫非老张想挖人?”强烈的直觉告诉她这就是答案。

第二天一早，安妮迅速到张经理的公司打探口风：“老张，听说你对我的两位骨干手下有意思?”老张显然是心里“咯噔”了一下，立刻紧张起来。这一点被安妮看在眼中，明白在心里，安妮也因此感到自己是时候出击、主动留下那两名手下了，第六感让她彻底清醒过来。随后，安妮故作轻松地化解了尴尬气氛：“瞧你紧张什么？我只是开个玩笑而已，我是来和你商量合同事宜的。何况，我一直觉得，人才是抢不走的。”

安妮回到公司后，立即找到那两名手下。在此之前，她已了解到这两名员工的亲属并没有生病，但经济困难却是事实。直觉告诉她，如果自己能帮手下把这个问题解决了，对方一定会留下来。于是，安妮并没有挑明事实，而只是淡淡地说：“前几天你们两个提出的申请，我想了一下，决定准假，毕竟，和工作比起来，家人永远是第一位的。但是我有一个条件，就是你们必须把这个收下。”说着，安妮拿出两个信封交给了两个下属，并亲切地说：“每个信封里有两万块钱，虽然不多，现在看个病也越来越贵了，但这是我向上级特意为你俩申请的，希望对你们的亲人有所帮助，并希望他们快快好起来。”一席发自肺腑的话瞬间融化了两位员工的心，安妮感觉到，其中一个明显地已经羞红了脸。

就这样，两位员工拿着钱回家了，但不出安妮所料的是，不到半个月，两名员工又乖乖地回来了，并且是带着已经完成的新项目的计划案回来的。安妮近日紧缩的眉头终于舒展开来，坚定地对两个员工笑了笑并热情地说："欢迎你们归队！"三个人的手紧紧握在了一起……

直到现在，安妮依然认为，多亏了自己当时的第六感。她跟着直觉，一步步做出了正确的决定，最终顺利挽回了两名骨干的心。这就是女人第六感最好的证明。

强烈的第六感使女人在清醒的同时，能够将这种优势自然地转化为决策力，从而使自己的职场优势更为明显，更容易踏上领导者的岗位。其实，企业也更青睐这样的女领导。

可见，敏锐的第六感对于职场女性而言，有时会帮到大忙。发挥这一优势，女人就更容易晋升，更利于女性承担重要的领导和决策性工作。并且女人的第六感特质，绝对是男人们无法复制的。女人细腻的心思善于捕捉各种平常容易被忽视的细节的变化，并做出反应和决策。所以，职业女性要善于利用这一优势，把这一优势全力发挥，并运用到工作中去。如果说细腻的洞察力与独有的敏锐是女性领导者的一大优势，那么女性与生俱来的第六感则是细腻与敏锐最有利的支撑。利用好这一优势，对一些难以把握的事情做出相对更精准的决策，对工作是非常有利的。

荷兰一位知名心理学家曾经做过一个有趣的实验。他将一群女性志愿者分成两组。每组人分别阅读一份租房名单，上面列出了各套待租房子的详细情况，让两组人看后做出她们的选择。名单上详尽地写有十几套房源，而每组人员只有 3 分钟时间来消化并吸收这些信息。在这 3 分钟之内，第一组可以仔细地考虑和计算，而第二组却被心理学家有意打扰，分散她们的注意力，根本没有办法集中精神专注思考。3 分钟之后两组分别要回答最后选择了哪套房子。结果是，并没有很多时间思考的第二组做出正确选择的人数要比第一组多得多。

这个实验得到的结论是：潜意识有时能战胜理性的分析和推理，帮助人快速地做出正确地选择。这也间接地说明了为什么直觉有时候比理性的分析更准确。

可见，女人的第六感在职场的发挥空间还是很大的。然而，作为女人的你是否知道如何去挖掘它、利用它？又如何让它来帮你的忙？

首先，要学会利用第六感。第六感在拉丁文中意为“专注地看”。可以理解为当你停住一切思想，专注于眼前的事物，让你所有的想象力沉到心灵的最深处时，就能“看”到并将这些最深处的潜在概念和信仰开发出来而成为一种感知。想要顺利地感知从机体深处破茧而出并发挥它的作用，就要为它制造条件。首先必须给它一个安静的环境。只有在舒适、自在、又不被打扰的情况下，才能让第六感自由驰骋。另外，还需要努力维持这种感觉的客观性，这相对来说更难一些。“我们的第六感总是从一开始就受到各种社会习见的影响。”心理学家说，“要发挥它的作用，就必须让它超越精神层面上的所有成见。”也就是说，当你在说“她拥有美国名校的双硕士学位，一定清高而难以接近”这句话时，你的第六感就已经被成见所干扰了。

第二，要善于利用直觉优势提升能力。直觉强烈的女性领导力更强。哪个企业不喜欢有领导力的女性？她们卓越的能力、丰富的阅历通通是产生第六感的火花。和直觉不强烈的人比起来，往往上级刚刚发布了一项任务，其他人还没想好应该怎么执行的时候，直觉强烈的女性就已经开始向下属布置工作，行动起来了。并且，她们还能凭借直觉很好地处理人际关系，解决下属中出现的各种问题。所以，这样的女人，无疑是职场中最出色的女强人，也一定备受企业青睐。

拥有第六感的女领导，在工作中更能够保持清醒的头脑，做事思路清晰、干脆利落，从而做什么事都比普通人更有效率。这是第六感赋予她们的特殊气质。另外，第六感也使女人反应敏捷，能够想到别人想不到的事，因此，这样的女性做事周到，是天生的谋事军师。毫无疑问，这样的女性通常都有很好的人际圈，总是设身处地为他人着想。因此，她们处处都深受欢迎。

第三，要认识到第六感的局限性，直觉并非完全正确。我们可以依靠直觉来辅助我们做出决策。如果这种感觉真的非常强烈，你可以跟随你的感觉行事。就好像你始终认为“纤美”绝对不是一个有创意的产品名称。完全依靠它行事，则是可笑的。在大多数情况下，直觉的反应并不能成为决定性因素。完全靠直觉就会导致拍脑袋决策、情绪化反应和无依据评断等现象，而且也比较容易演化成为缺乏独立的问题对策能力。别看坐在你旁边吃饭的那个人衣着邋遢，你怎么就知道他不是一名艺术家、一位 IT 高手甚至是一个温柔体贴的好情人？他只不过不太注重人们对他外表的评价罢了。崇尚张扬个性的现代女性早就学会了不总被理性的一面牵着鼻子走，但同时也别急着完全关上理性的大门，以免让过度澎湃的第六感冲昏了大脑。直觉可以作为提出问题和切入问题的动力和原因，但正式的意见应当远比直觉思考更为周全。

7 懂得变通，能适应不同的环境

“物竞天择，适者生存。”达尔文如是说。在他眼里，“适者生存”是大自然和人类社会的基本法则，任何生物都不能逃脱。

在职场，这一法则同样适用。适应者会一帆风顺，不适应者则处处碰壁。生存是需要环境的，但作为个体不可能彻底改变环境，个体的生存只需要适应环境。只有那些最能适应环境、适应社会的人才最容易成功。

正如南加州大学领导学院创办人华伦·班尼斯在《奇葩与怪杰》书中所说："适应力是每个人在面对生命的起伏不定与阴晴圆缺时，仍然能够活得精彩的能力。有人能从磨炼中吸取智慧，有人则在类似的经验中受伤屈服，成功的领导人和普通人的差别就在于此。"适应力对于员工来说也是这样。

所谓变通，顾名思义，就是以变化圆通为途径，通向成功。执著是一种很好的进取精神，但如果只懂执著，不懂变通，就会钻进死胡同，只会撞得头破血流，难以取得任何成功。只有那些善于变通的人，才能化腐朽为神奇，变绝路为通途，从而让世界随我而变，最终达到自己的目的。

曹操在征讨张绣途中，下了一道命令，将士经过麦田时，不得践踏庄稼，否则一律斩首。一日，曹操正骑马前行，一只斑鸠突然从麦田之中飞了出来，曹操的马受到惊吓跑到了麦田，踏坏一大片正在生长的麦子。

曹操立即叫来了行军主簿，要求对自己的行为按照军法处置。主簿显得十分为难，曹操却说："我自己已经下达了禁令，然而自己却违反了，如果不作处罚的话，又怎么能够服众呢？"他立即抽出随身所配之剑要自刎，左右随从急忙解救。这时，谋士郭嘉急引《春秋》"法不加于尊"为其开脱。曹操便顺水推舟，说既然《春秋》有"法不加于尊"之义，"吾姑免死"，过了一会儿，还是拿起了佩剑割下了自己的一束头发，丢在地上对部下说："割发权代首。"随后叫手下将头发传士三军，将士们看后，便更加敬畏自己的统帅，再也没有出现过不执行命令的现象。

曹操"割发代首"，正是一种高妙的变通行为，不仅使他在执行纪律和斩首自己的两难中，既保全了自己的性命，又达到了“杀鸡给猴看”的目的。这就是变通的威力。

在工作中，我们十有八九不会一帆风顺，一定会遇到困难，一定会遇到瓶颈，也一定有“头碰南墙”的时候。这时候，就绝不能一味地死守，而要学会变通。山不过来，我就过去，改变自己，适应环境，适应工作，才能为自己赢得更多的机会。

有位女摄影师，心思细腻，技术高超，年年给大会拍照。人数少则几十人，多则上百人。可是有个问题总是困扰着她：照片上总是有人闭眼。为了统一步调，摄影师按照常规做法，高声叫道：“大伙请注意，我喊一、二、三，喊三的时候，千万不要闭眼睛！”可是不管怎么强调，咔嚓一声照下来，总会出现闭眼的。这些人看了照片，自然不高兴：我们90%以上的时间都睁着眼，你为什么偏偏在我闭眼的时候照呢？这不是出我的丑吗？

后来，这位摄影师换了一种思路，大获成功。她请所有参加拍照的人都闭上眼，听她的口令，同样喊一、二、三，在“三”字时一齐睁眼。果然，照片冲洗出来一看，一个闭眼的都没有，全都显得神采奕奕，皆大欢喜。

其实，随着外在环境的变异而调整适应能力，要比一相情愿地抛出自我的呐喊等待回响，来得有智慧多了。不能改变别人，就改变自己；不能改变事情，就改变对事情的态度。否则，你将什么工作也适应不了，什么事也做不成功。只有懂得变通的女性，才更能适应各种各样的环境。

一家世界500强之一的美国公司在选择北京办事处负责人时，专门考察了应试者的环境适应能力。共有7名应聘者，其中只有一位是女士。考官故意把应聘者的位置安排在空调下，而且将其功率开得很大，房间里很冷，并规定应聘结束之前不能走出这间屋子。结果，6位男士都无法忍受长达两小时的面试，有的甚至满心怨气地离开了，只有这位穿得最少的女士坚持到了最后。

其实，并不是这位女士的抗寒能力比6位男士都强，而是她更善于变通，把这种寒冷大大减轻，所以才能坚持到最后。她先是把自己的座位搬到了离空调最远的地方，然后，又利用自己随身的包包挡住吹向自己的冷风，后来她又自己去倒了一杯开水捧在手里，以抵御屋内的寒气。

面试结束后，主考官对这位女士说："由于公司刚在北京成立办事处，属于万事开头难的阶段，所以只有能够适应环境，敢于接受挑战并且能够以愉快的心情去面对压力的人才会被我们录用。欢迎你加入到我们公司中来。"

大多数企业的人事经理认为，员工的环境适应能力是非常重要的。一位IT企业的总裁说："如果员工无法适应急剧变化的环境，他怎么能适应得了公司的节奏？众所周知，IT企业的工作节奏是非常快的。如果你适应不了，就会被淘汰。"

在这个变革的时代，怕的就是你不变。通用电气公司前总裁杰克·韦尔奇说，他一生追求的只有三个字：变！变！变！在这样的变革时代，不懂得变通，如何能适应？

而女性天生的变通能力，正有助于适应各种不同的环境，不同的人和不同的工作。这种优势，有利于女性做任何工作，胜任任何岗位。所以，职场女性要善于发挥自己善于变通的优势，运用到工作中，使自己的适应能力大大提高，也将使女性可以胜任任何工作。

第七章

发挥进取优势：工作不服输业绩不落后

有进取精神的职业女性在工作中总是不甘人后。她们性格坚韧而执著，不达目标绝不轻言放弃；她们善于忍耐，不逞一时之能；她们积极勤奋，踏实肯干。因而女性在职场，更能坚持到底，更能执著无悔，直到攀上成功的峰顶。

1 自尊心，让女性不甘人后

很多时候，女性的自尊心都很强。上学时被老师轻轻一句批评就哭鼻子的是女生；在学习上不甘落后、不愿服输、不想被别人瞧不起、哪怕不睡觉彻夜学习也要赶上去的，还是女生……女生的自尊心强，脸皮薄，不愿落在人后，因而也就有更强的进取心。自尊心促使着她一直向前，一直努力，奋发进取，以免被人甩在后面。或许正是因为这样，毛姆才说："自尊心是一种美德，是促进一个人不断向上发展的原动力。"

事实就是如此，自尊心强的女性，从来不甘后，哪怕付出再多，也心甘情愿。这其实对于女性的成功，意义重大。许多非凡成功的女性都源于自己超强的自尊心，督促自己不断向前，绝不服输，因而取得了最终的成功。

邓亚萍是夺取世界乒乓球冠军次数最多的女选手，是名副其实的世界乒坛皇后。她的成功，很大程度上也是因为她的超强的自尊心，并因为自尊心而激发出来的进取精神。

邓亚萍6岁开始学打乒乓球，悟性极高，加上父亲是基层乒乓球教练，本人又能刻苦练习，所以进步很快。10岁那年，父亲带邓亚萍报考河南省乒乓球队，尽管测试时球打得非常好，某教练却嫌她个儿太矮，五短三粗的，比例不太协调，遂言辞婉转地将她拒之于门外。这件事在邓亚萍幼小的心灵里留下了深深的烙印。身体条件相对差的女孩本来就自卑，比一般女孩更在乎外界的评价，被当面指出自己这方面不如别人，居然还作为不予录用的理由，这样的伤害和打击，激发了邓亚萍骨子里那种不服输的劲头。她发誓要让瞧不起她的人改变看法。

第二年，就是这个矮矮胖胖的小姑娘，一鸣惊人，在全国少年乒乓球比赛中获得女团、女单两项冠军。这才得以加盟河南省队。

后来，球队的双打搭档也嫌弃邓亚萍个子太矮、资历浅，压根就看不上眼，不想与她搭档。

这种冷眼和歧视，再次深深刺痛了自尊心极强的邓亚萍。她想哭，但没哭出来，只是暗暗拼着劲努力。她知道要想自己有立足之地，受到别人的尊重，唯有靠自己去拼，用成绩来证明自己存在的价值，于是她更加勤奋地练习。正因为如此，才有了她日后超乎常人的辉煌成就。

1997 年，邓亚萍退役了，非常欣赏她的原国际奥委会主席萨马兰奇提名邓亚萍为国际奥委会运动委员会成员。由于工作需要，她经常要与几十位外国委员在一起开会讨论，可是她却不会外语，委员会只好给她配一个翻译，她就成为委员会成员中唯一随身带翻译的人。有一次开会，翻译因故晚来，只好让那些外国委员干等着。邓亚萍又急又窘。她看出有的委员露出了非常不敬和不屑的眼神。这个眼神深深地刺激了邓亚萍——一定要在英语上有所突破，决不能再让外国人瞧不起。她向领导提出了学习英语的要求。

1997 年底，24 岁的邓亚萍到清华大学外语系报到，老师让她写出 26 个英文字母。当时在别人看来最简单不过的事，而邓亚萍绞尽脑汁也没有写全！让一个从 8 岁起就开始练球、只有小学二年级文化、英语水平几乎为零的人到大学重新拾起课本，去攻读英语专业，困难可想而知。但邓亚萍毕竟是邓亚萍，她有一种永不言败的“死磕”精神。她说：“我给自己制订了学习计划：一切从零开始，坚持三个第一——从课本第一页学起、从第一个字母、第一个单词背起；每天必须保证14个小时的学习时间。”她做作业也和训练一样，当天作业当天一定要完成，绝不拖一天。终于，英语对邓亚萍来说不再是问题。当她可以从容地用英语与委员们讨论、对话时，邓亚萍却觉得自己还远远不够，又开始攻读硕士；硕士读完又到剑桥读了博士——不仅学了英语，还学了经济学。于是，在剑桥大学800多年历史上就诞生了一个唯一具有世界冠军头衔的经济学博士。

正是因为强烈的自尊心，才让一个别人不易觉察的轻蔑眼神，“刺激”出了一个世界名牌大学的博士。可见，被自尊心激发出来的力量有多大。

一个轻蔑的眼神、一种骄横傲慢的姿态、一句无礼刻薄的话语，为何能让一个人产生奋发努力的激情、成名成功的渴望和前所未有的力量？

有一句俗语足以解释它：“水激石则鸣，人激志则宏。”心理学告诉我们，每一个人都有自尊心，强烈的自尊心是一种可贵的精神能源。当自尊心偶然遭遇外界的歧视、打击、嘲笑、讥讽的语言、动作、姿态甚至一个眼神的激发与碰撞，就能让人内心深处的自尊心释放出一种巨大的能量，不仅可以“刺激”出像邓亚萍、吴士宏那样出人头地的职业成功女性，也可以“刺激”出各行各业的行家。

所以，职场女性的自尊心也是自己的一笔财富，是自己的一大优势。那种生怕自己不如别人，生怕自己被别人甩在后面的自尊心，正是我们努力奋发的动力之一。好好利用这一自尊心，可以让我们一直走在进取的路上，从不懈怠，从不停止，因而最终收获的，就是我们的成功。

2 女性目标更明确，更能激发潜能

对于任何人来说，目标都是成功最首要的条件之一——一个都不知道自己要什么的人，怎么可能会成功呢？

目标不仅是奋斗的方向，更是一种对自己的鞭策。有了目标，才会有热情、有积极性、有使命感和成就感，才能最大限度地发挥自己的优势，调动沉睡在心中的那些优异、独特的潜能，造就自己璀璨的人生。没有目标，则一切都不可能。

著名的人生激励大师卡耐基曾经做过一个调查。他的调查对象是世界上一万个不同种族、年龄和性别的人。通过调查，他发现，在一万个人中只有3%的人能够确定目标，并知道怎样把目标落实；而另外97%的人，要么根本没有目标，要么目标不确定，要么不知道怎样去实现目标。10年之后，卡耐基重新对这一万个人进行了又一次调查，调查结果令人十分震惊：属于原来那97%范围内的人，除了年龄有所增长外，在生活、工作、个人成就上几乎没有太大的起色，还是如同10年前一样平庸；而那原来与众不同的3%的人，却在各自的领域里都取得了成功，这些人在10年前提出的目标，都不同程度地得以实现。

从卡耐基的研究中不难看出，“目标”对于人的一生的重要性。无论从事什么职业，从事哪项工作，在自己心中都要先有一个明确的目标。有了目标，才有指引前进方向的“指南针”，工作就会变得有目的、有追求，一切似乎都清晰、明朗地摆在自己的面前。什么是应该去做的，什么是不应该去做的，为什么而做，为谁而做，所有的问题都是那么清楚而明显。所以，要达到这样的目标也就更加容易。漫无目的，则很可能会一事无成。

有一个学生终于读完了研究生，完成了毕业典礼，但是自己却有些茫然了，不知道自己该干嘛。于是便在毕业典礼结束后去问他的导师，导师没有直接回答他的问题，而是微笑着把他领到了学校的操场上。

导师跟学生在操场上边走边聊，一会儿就从起点到了终点。一圈走下来，导师看看表说："我们绕着操场走了一圈共花了15分钟的时间。"这个学生虽然不大明白导师究竟想干什么，但也没有问。这时，导师又跟他说："你自己一个人绕着操场再走一圈。"一会儿，这个学生一圈走了过来，回到了导师的身边。导师又看看表说："你花了10分钟的时间，比我们一起走提前了5分钟。"然后导师又让他扛上一块石头，再绕着操场走一圈。学生照做了，一圈下来，虽然说是有点儿累，但感觉明显要比前两次快了许多。于是导师又看看表说："你花了7分钟，比上一次快了3分钟。"

导师最后告诉他："当一个人漫无目的的行走时，速度是最慢的；当你一旦确定目标时，那么你到达终点的时间就会要快一些；当你确定目标后再背负一些压力的时候，这时速度才是最快的。"

可见目标的重要性。

可喜的是，从心理学的研究来看，女性天生比男性的目标要强。也就是说，不管做什么事，女性都习惯于先定下目标。因而，女性会比男性少走一些弯路，少一些探索的时光，而是目标明确，从而更加上进，更加充满斗志，不至于迷失。

比如对于刚毕业还没进入职场的年轻人来说，女性比男性的目标性更强，有更多的女性知道自己想要的是什么样的工作，有的甚至早早就做好了自己的职业规划，因而在选择工作时也会选择自己喜欢的、适合自己的、离自己的奋斗目标更近一些的工作，而不是漫无目的，碰到什么工作算什么工作，因而女性的跳槽率也会小得多。而许多男性却并没有清晰的目标，像无头苍蝇一样，到处碰，碰到什么工作就做什么，上几天班，觉得不好就立马跳槽，也没有一个清晰的人生规划，走到哪儿算哪儿，因此，总是有好几年的动乱期。以毕业五年为一个节点来考察的话，许多女性五年中已经有了一份相对稳定的工作，也有了一定的经验积累和金钱积累，并对自己的人生有了一个清晰的规划；而很多男性，却还在跳来跳去，甚至连自己真正适合什么样的工作也还没有弄明白。

可见，目标明确，也是女性的一大优势。发挥好这一优势，对于职业女性的人生规划、升职晋升，都有非常大的促进作用。

哲学家爱默生曾说过："当一个人知道他的目标，并为之努力，这个世界是会为他开路的。"记住这句话，找准自己的目标，并且每天都提醒自己为了这个目标而努力，那么就一定会如愿以偿。

3 执著，不达目标绝不轻言放弃

"执著"一词本来源于佛教，指对某一事物坚持不懈，不能超脱。《坛经》云："但行直心，于一切法，勿有执著。"这句话的意思是："要修行正直心，对一切法都不要执著。"

后来引申为固执或拘泥，也指坚持不懈。对于事业、前途、生活目标等人生大事，执著地去追求。执著还隐含了在所追求目标（东西）的过程中，克服各种困难和挫折，在困难和失败中积累成功的要素，直到达成目标。

女人有执著的本性，因而大多数都是执著的，女人很容易有一颗执著的心。女人的执著，是脆弱外表下坚韧的内心，是微笑面孔下流泪的心灵，是咬紧牙关不放松的决心，是志在必得的雄心，更是不达目的不罢休的恒心！因而，对于女性来说，比男性坚持得更久，也更易取得成功。就像精卫填海，不填平不罢休；就像愚公移山，子子孙孙不休不止；这样的精神，就是成功的精神，这样的特质，就是成功的特质。当今许多成功的女企业家，正是靠着这份执著登上了成功的殿堂。

董明珠，一位人称“铁娘子”的女性经济风云人物。她从草根走到格力集团最高宝座，其中重要的一点，就是执著，就是永不放弃的精神。

董明珠跟那个年代很多人一样，出身也平平。1954 年，她出生于江苏南京一个普通人家，1975 年参加工作，当时在南京一家化工研究所做行政管理工作。36 岁以前，她的生活也是平淡无奇，没有人会想到，36 岁以后的董明珠，却用自己的坚韧和执著创造了让人无不佩服的职场传奇。

1990 年，已经 36 岁的董明珠辞职去南方打工，到了格力公司，从一名基层业务员做起，并被安排到安徽。她碰到的第一件事就是追讨前面一个业务员留下的 42 万元欠款。而她的人生传奇正是起步于这一次的追款事件。

账目很清楚，对方也很好找，但那时全国的三角债数不胜数，追债是个大难题。那个“临街有着 200 平方米店面、装修得很气派、几十个员工往来穿梭”的公司看起来也很有实力，但对方就是不理她的茬儿，连“对账”的基本要求都置之不理。

“对什么账？卖完了给你钱，有什么好对的？”

董明珠张口结舌，第一次体会到了商人的奸诈和无赖。她被轻易地打发走了，口干舌燥的她连一杯水都没有得到。

但董明珠执著的个性注定她是个认准了就不回头的人。她觉得自己是厂里的人，当然应该把自己分内的事做好。从此，她天天到对方老总的办公室去追债。

“开始我坐在他对面，给他讲道理，他似听非听，手里拿着一张报纸自顾自地看，偶尔哼一声表示还有我这么个人在。磨了几天，都是到他们下班的时候了，我才沮丧地走出来。”

对方有时是哭穷：“我们现在周转资金也很紧张啊，你看能不能再缓一缓？”有时是凶神恶煞：“另一家给了我300万元的货，我还没付他一分钱呢，你这点钱算什么？”有时又耍心眼：“要不你再给我50万元的货，我就付你款？”最后干脆来了个金蝉脱壳，躲着董明珠了。

董明珠还是不罢休。她认准了不能和这样的人再做生意，但是欠款一定要追到手。她依旧天天到对方公司“上班”。跟她玩了多次心眼未果之后，对方很不耐烦地答应，让她第二天来把海利的产品运走。

董明珠高兴得一夜未眠，心想自己做的第一件事情就要成功了。第二天她雇好卡车到达时，却发现对方大门紧锁，门上贴着“国庆节放假三天”的字样。过节本来应该是销售的旺季，他们却关门大吉，董明珠感到这是明显针对着自己。她又一次被愚弄了。“望着满街的人群，我当时真想蹲在地上，痛痛快快大哭一场。”

接下来又是无休无止地上门围追堵截，对方一次次出尔反尔，一会儿是“保管员不在”，一会儿是“马上有事”。这一天，忍无可忍的董明珠终于爆发了，她冲着对方失控一样大声喊起来：“你为什么说话不算数？从现在起，你走到哪里我跟到哪里。我不像你，我说话绝对算数。不信，你走着瞧!”

也许是对方被董明珠的爆发吓坏了，无奈之下，答应第二天退货。吼出第一声的董明珠仿佛也给自己找到了胆量。

第二天，董明珠带着工人来到这家公司，唯恐对方再有什么变化。她手脚并用地一边点货，一边也帮着搬运，气晕了头的她一怒之下甚至搬了别的厂家的货，直到她认为足够了42万元才罢手。

车子驶出那家公司的大门，跑了整整40天的董明珠眼泪夺眶而出。她像一个孩子一样急着向家长诉说。她对司机说：“快，直奔珠海，一路不要停。”司机听了笑起来：“珠海两千多里地，你要累死我啊?”董明珠这才醒过来。

一个不知营销为何物的业务员，却凭借坚毅、执著和死缠烂打，40天追讨回前任留下的42万元债款，令当时的总经理朱江洪刮目相看，从此开始有意栽培董明珠。而董明珠的这一段血泪史也成为营销界茶余饭后的经典励志故事。

这位女强人的创业传奇就是从这里开始。靠着勤奋和诚恳，董明珠不断创造着格力公司的销售神话。她的个人销售额，曾经飙升至3650万元。现在，她是格力集团的董事长

格力电器董事长兼总裁，“世界十大最具影响力的华人女企业家”“全球商界女强人50强”“全球100位最佳CEO”，她就是女性成功的典范。

谈到女性成功，董明珠说：“我觉得女性要自信，要执著，要坚强。作为我来讲，我觉得女性首先不能以性别作为依赖别人和服输的借口；第二，我觉得我们要执著地做一件事情，成就大小不在于你个人是否富有，而在于你能否给中国社会创造价值。”

女人一旦执著，有时候会不顾一切。执著地想做一件事，会付出所

有。执著于爱情的女人，会终其一生去惦念；执著于事业的女人，会像铁人一样疯狂。成功与其说是取决于人的才能，不如说取决于人对于工作与事业执著的热忱。这个世界为那些具有真正的使命感和自信心的人大开绿灯，无论出现什么困难，无论前途看起来是多么的暗淡，他们总是相信能够把心目中的理想图景变成现实。成功永远属于那些能坚持到底的人。

有媒体采访过董明珠，问她对于职业女性，有一些什么样的建议。董明珠说："女性在职场里打拼，首先是要会做人。什么叫做人？就是我要尽职尽力，在自己的岗位上做到最好，这就是目标。很多人会说以后要当总经理，那不叫目标，而是一种私人的目的，不叫目标。我在岗位要做得比别人都好，这就是目标。你每一个都做得比别人好，受到别人的尊重，由于尊重，你的职务就会发生变化。不是为了职业目的去实现人生价值，只有这样才能成功。"

相信这样的建议，对于我们每一个职业女性，都有不少的启发。是的，执著的品性其实我们都有，重要的是我们如何把这一优势发挥出来，运用到我们的工作中，让它为我们的工作助力。不论做什么工作，都坚持到底，绝不轻言放弃，那我们的工作也会做得卓有成绩。

要注意的是，执著不是固执。固执是不可能成功的，只能走向失败。一条艰难曲折的道路，它的一端是你的起点，另一端是成功。这条路虽然不好走，但历经千辛万苦最终却能走到另一端，取得成功，那么这就是执著；如果在这条路的中间有一堵墙，切断了你通向成功的道路，你明明知道无法推倒这堵高大坚实的墙，却仍要向前走，那么除了碰壁，甚至头破血流之外别无结果，这就是固执而不是执著了。这时你要是发现这条路是条"死胡同"，就要毫不犹豫地掉转头来，另选道路和目标。否则，你的执著就变成了固执，就变成了那只死钻牛角尖的老鼠了。

老鼠钻到牛角尖里去了。它跑不出来，却还拼命往里钻。牛角对它说："朋友，请退出去，你越往里钻，路越狭了。"

老鼠生气地说："哼！我是百折不回的英雄，只有前进，决不后退的！"

"可是你的路走错了啊！"

"谢谢你。"老鼠还是坚持自己的意见，"我一生就是靠钻洞过日子的，怎么会错呢？"

不久，这位"英雄"便活活闷死在牛角尖里了。

"牛角尖"是民间俗语用来说那些死板、脑筋不转弯、不开窍的人。明知是个死胡同，却还偏硬往"牛角尖"里死顶不放，就太没有必要了，这不是执著，而是固执，是死板，是僵化，是不会变通，最后就必然会被憋死在牛角尖里。所以，职业女性一定要记住，可以执著，但一定不要固执。在职场上，多看多想多学多做，活学活用活做，灵活变通，放弃毫无意义的固执，坚守方向正确的执著，才是上策，才是成功的路径。

4 坚韧，不会轻易被压力打倒

从表面上来看，人们都会觉得男性比较刚强，因而抗压能力也强；而女性相对柔弱，似乎不堪一击。但研究表明，实际上女性的抗压能力比男性强很多倍，因而女性更加柔韧，更能承受打击和挫折。这从实际生活中男性和女性承受的压力中可以看出来。

很多人会觉得男性压力要比女性大。实际上，由于女性特殊的生理特点，以及所承担的多重社会角色，压力更大。

据英国一份调查显示：有压力的女性比例为63%，而男性只有51%。其中有工作的母亲（即已生育的职业女性）感到有压力的比例更大，达67%。即使到了晚年，女性的压力也比男性大。有半数以上的祖母，感到带孙子有压力，而老年男性的比例仅为38%。

国内一份权威杂志的调查结果也证实了女性的压力更大。

据调查结果，有94.47%的女性都表示自己在不同程度地承受着各种各样的压力。其中，认为自己压力“很大”的女性占14.47 %，认为压力“比较大”的占43.4%，认为自己的压力“一般”的占36.1%。另外，还有5.53%的女性表示自己“几乎没有什么压力”。值得一提的是，认为自己“几乎没有什么压力”大都是29岁以下的年轻人和50岁以上的老年人，而选择此项的中年女性的比例很小。这也从一个侧面反映了，中年女性承受的压力普遍要比其他年龄层大。她们最大的压力来自经济和工作。她们当中有30.57%的女性认为，自己最大的压力是“经济上的压力”，紧接着是“工作压力”，占55%。其他依次为“子女的教育”，占14.09%，“工作和家庭难以兼顾”，占9.69%，“婚姻、情感”，占8.43%，“自己和家人的健康”，占到了8.05 %。

为什么女性的压力这么大？专家们认为，这可能是因为男性和女性承担的家庭角色不一样而导致的。男性承担的工作压力更大，而对于现代女性而言，不仅要承担工作的压力，还要承担家庭、生活、育儿及赡养父母和自己的心理危机等多方面的压力。尤其在家庭、职业、金钱方面，女性感到的压力远远超过男性。她们对家庭、事业抱有太多的理想，然而社会发展变革带来的动荡不安的经济状况、紧张的工作和就业压力以及感情问题使女性心理问题更为突出。

抗压能力，是一个人在面对外界的压力下处理事物的能力。在多数人眼里，男性的抗压能力应该是比女性强，因为男性是坚强、强壮的代名词，女性是柔弱、温柔的代表。然而，实际情况却是男人受到压力影响更多，很多由于压力太大而抑郁甚至自杀的都是男人。在英国，自杀的人75%是男子。其中有调查显示，在35岁以下的自杀者中，三分之二自杀时都没有工作，5%的男性都说他们考虑过自杀，而有过这种念头的女性则是2%。

由此可见女性的承压能力高于男性。我们可以从日常的例子中看出这一点。比如同样是失去伴侣，男性很可能一蹶不振，从此人生除了酒与回忆，不再有其他，甚至孩子也不会管了。而女性则不然，伤心欲绝只是一时的，女人很快会从悲伤中抬起头来，更加坚强地面对生活，拉扯孩子。这恰恰是上天赋予给女性的一大优势。

据英国媒体报道，一项美国研究表明，女性之所以抗压能力胜于男性，是因为雌激素向大脑发送信号，阻挡了压力带来的有害物质影响大脑。

研究者称，他们给予雌雄老鼠同等程度的挫败压力，再分别测试它们先前展示出来的认知能力。很明显，雄鼠短期记忆力受到影响。而给雄鼠注入雌激素后再做实验，则发现它们又恢复了原先的认知能力。

研究者表示，这是因为雌激素能够向大脑释放信号，阻挡压力带来的有害物质影响大脑。如果研究者能进一步证明雌激素没有造成副作用的话，该研究将被证实为男性压力相关的问题提供了有效治疗方法。

女性也许柔弱，但不是脆弱，而是柔韧。女人的感情很细腻，感觉很敏锐，所以当面临情感或生活、工作上的打击和压力时，由于雌激素的作用，使压力对大脑的影响更小，因而痛苦也相对会轻一些，并且女性能够用自己的方式去化解悲伤。

当不幸或是挫折到来，女性也许会大声痛哭，但是痛哭之后会昂首挺胸地去面对；也许会倾诉，但倾诉之后又会充满力量；也许她们会买醉，但是清醒之后便会整装待发。她们有时看来柔弱，但柔弱并不是软弱，而是面对困难百折不挠的坚韧气质。这是我们女性共有的特质。

在职场上，我们好地发挥这一优势，必然会让我们更能承受各种各样的压力，让我们百折不挠，坚韧不屈。并且依靠这种坚强和柔韧，能让我们迈过职场的一道险滩，跨过一次次艰难，并最终抵达成功。一些优秀的职场女性都是会发挥这一优势的“女强人”。

谷歌前美女副总裁玛丽莎·梅耶尔一直是出镜率最高、最受器重的高管之一。她是谷歌公司第一位女性工程师，也是谷歌第20名员工。她一直负责谷歌最核心的搜索产品业务。

1975年5月出生的玛丽莎·梅耶尔被公认为硅谷第一美女。1999年从斯坦福大学计算机系毕业后她就加盟谷歌。她有一张俏丽迷人的面孔，更有一颗胜于男性的冷静头脑，行事也比男人更加硬朗，甚至冷酷。她是IT精英，却也是时尚红人。她热爱生活，却是个典型的工作狂。因而在她的身上，既有男性的硬朗，也有女性的柔情；既有男性的刚强，更有女性的柔韧。打不垮，压不倒，以至于媒体称她为“机器人”。

2012年7月17日，玛丽莎出任雅虎CEO。谷歌董事长埃里克·施密特盛赞梅耶尔是“出色的产品专家，极具创新性，雅虎做出了正确的决定”。梅耶尔上任之初的员工支持率更是达到了97%的高点。带着7个月身孕上任的梅耶尔当时成为了硅谷乃至整个美国的焦点，也掀起了女性领导力的又一次讨论高潮。

在中国，敦煌网创始人王树彤，也是一个打不倒、压不垮的传奇。她的故事也充分展现了坚韧的女性优势。在她看来，女性企业家能够坚定地朝着自己的梦想前进，务实而稳健，更关注细节和服务，还有就是永不言败。

王树彤1991年毕业于北京邮电大学电子工程学院，随后任教于清华大学软件开发与研究中心。1993年她加入微软公司，后加入思科公国家医药管理局。1999年，应时任卓越网董事长雷军的邀请，她担任卓越网第一任CEO、共同创始人。

2004年，王树彤离开卓越网开始打造一个网上的丝绸之路。她梦想中国的中小企业能够借助电子商务插上这个翅膀，让中国的商品源源不断地走到世界的每一个角落，能传递中国人的文化和精神，以及中国商人的信仰。

其实，追逐这个梦想的过程伴随着无数的困难和挫折。王树彤说，这就是“家常便饭”。比如，起步阶段她得到的建议是：男性找投资人可能见5个人能谈妥1个，女性找投资人要见50人以上。王树彤回忆说：“那段时间我非常沮丧、疲惫，不断地问自己，这是自己喜欢做的事情吗？”投资人也老盘问她，如果重新选择，她还会做这件事吗？仔细思考之后，王树彤认定自己依旧会做出这样的选择，所以无悔无怨地投身其中。正是有了这份坚持，才有了今日的敦煌网，才有了今天真正架在时空上的网上丝绸之路。

在这些女性的身上，我们看到了属于她们身上的那种坚韧。坚韧是一种从一而终、慎终如始的精神。韧性还强调坚而不折、坚韧不拔的意志。

其实，不仅是在压力巨大的IT行业，女人可以把特有的韧性和沟通上的优势发挥得淋漓尽致，在其他的行业也是一样。女性比男性更不容易被打倒，更不容易后退。也许打击是很大，但女性都能很快地适应，并且很快地投入新的征途。那些对于领导的批评就哭鼻子、对于工作的困难就灰心沮丧的女性，其实更应当好好发挥一下自己的这份优势，工作一定可以做得更好。你可以哭，偷偷地哭吧，哭过之后，记得擦干眼泪，及时投入修正和改善之中；可以灰心，但不能绝望，沮丧一会儿，调节情绪，学会释放压力，继续努力，一定可以取得新的成绩。

释放压力的方法其实很多。首先是要有一个好的心态。比如找到自己的压力源，是工作还是生活？是为前途担忧，还是为生活烦恼？弄清自己的压力源，就能有的放矢地缓解压力。

其次，建立良好人际关系也是女性解压的好方法。理解、尊重他人，真诚相待，“以心换心”。理解与宽容是处理好人际关系的两大法宝。

第三增强适应能力。女性要努力调整自我，增强适应能力，学会对各种现象做出客观的分析，正确的判断；在生活中遇到矛盾时不退缩、不逃避、不忧愁、不沮丧，树立起战胜困难的信心和勇气，注意调整自我，以达到心理上的新平衡。

第四要及时宣泄不良情绪。当感到巨大的心理压力和出现悲伤、愤怒、怨恨等情绪时，要勇于在亲友面前倾诉，做合理的宣泄。在他们的劝慰和开导下，不良情绪便会慢慢消失。

女性的坚强不是磐石，不是暴雨，不是对天的呐喊和掷地有声的抨击，而是滴水穿石的无声和倔强，是与残酷现实的长久对视，是对身处境地的默默抗争，是对沉重压力的曲承逢迎。再顽固的石头，也经不住女人无声但有力的浸泡；再沉重的压力，也会在女性悄然无声的静默中缓缓释放。

5 勤奋，笨鸟先飞也能赢

常言道：“一天之计在于晨，一年之计在于春，一生之计在于勤。”没有了勤奋就没有一切。打开世界名人辞典，哪一个名人不是通过付出勤勤恳恳的劳动才获得成功。他们的成功，靠的是勤奋，靠的是刻苦学习，苦思冥想，反复实践。没有了勤奋，就没有他们的成功！

一位哲人说：“世界上能登上金字塔顶的生物只有两种：一种是鹰，一种是蜗牛。不管是天资奇佳的鹰，还是资质平庸的蜗牛，能登上塔顶，极目四望，俯视万里，都离不开两个字——勤奋。”

一个人的进取与成才，环境、机遇、天赋、学识等外部因素固然重要，但更重要的是依赖于自身的勤奋与努力。缺少勤奋的精神，哪怕是天资奇佳的雄鹰也只能空振双翅；有了勤奋的精神，哪怕是行动迟缓的

蜗牛也能雄踞塔顶。只有坚持不懈地付出努力，才是取得成功的不二法门。那些取得辉煌成就的女性，有哪一个不是勤奋造就的成功呢？

将《正大综艺》作为事业成功起点的杨澜自认并不是具有慧根的女人："我其实不是那种聪慧的女孩，但是我很勤奋。我经常觉得自己不是一个有才华和极端聪明的人，但是我会努力，这很重要。"

俏江南集团董事长张兰讲起了一段难忘的经历："前几年，我们公司有个会所要装修，需要一些来自巴厘岛的材料，设计师给我的报价是160万人民币。但我私下问了一个巴厘岛的朋友，她说只需几万元人民币就可以，但我得自己跑去采购。"当时巴厘岛刚经历过海啸，非常危险，考虑再三，我还是带上我这位朋友，赶了过去。"那一刻我想的不是危险，而是要为公司省钱。"张兰说，"成功靠的是勤奋、勇敢和坚持。"

伟大的数学家华罗庚曾经说过："勤能补拙是良训，一分辛劳一分才。"在生活的道路上，勤奋可谓是成功的点金石，是克服先天不足的灵丹妙药。宝剑锋从磨砺出，梅花香自苦寒来。对于女人来说，勤奋，能让丑小鸭变成美丽的白天鹅，能让智力平平的女人走向自信，走向卓越和成功。

提起韩红，我们都知道她是中国的实力派歌手。她最初是作为文艺兵被特招进部队的。但是最初的十几年里，她一直是在电话机前度过的。可是喜欢唱歌的韩红在最初入伍的几年里，总是有事没事地唱上几句。一起当兵的同志却不能够理解她，在他们看来，下班了，通信兵累了一天的耳朵也该歇歇了。虽然楼下就是欢声鼎沸的卡拉OK厅，但是军纪严明的女兵们并不能走进那里。无奈和遗憾之余，韩红开始阅读各种书籍，同时也开始了自己的创作生涯。她写了各种体裁的文字，如小说、诗歌、剧本等，而在她所有的文字中，最能表现她心情的就是剧本《闹市区居住的女兵们》。

度过了一个又一个枯燥乏味的日子，在这些平淡的日子里，韩红做了很多对以后的歌唱道路有帮助的事情。不过，生活清贫的她却没有钱买录音带，她就买些空白的带子请别人复制。听完毛阿敏、苏芮等著名歌星的歌以后，她用省吃俭用的钱买了音乐教材和吉他。没有想到的是，她已经能够弹出一些和谐的音符，后来有幸摸到钢琴，她也一样能够弹奏出流畅的歌曲。在音乐方面，她的确有着过人的天赋，不过遗憾的是歌舞团依旧不要她，所以，热爱音乐的她只能选择去歌厅唱歌，最可气的是多次的大奖赛也总是以各种理由拒绝她进入决赛。每一次的大哭之后，她都是面对镜子狠狠地瞧着自己，可是除了微胖的身材，她实在是没有发现自己哪里比别人差。屡败屡战，痛定思痛，她知道自己不一定非要用比赛来证明自己。喜欢写作的她，又一次拿起手中的笔，记载了自己的喜怒哀乐，包括每一次的经历和挫折，希望和绝望……

走过了10个365天之后，中央电视台的半边天节目主持人张越走进了歌厅。她不经意间被某个独特的歌声所吸引。女主持人抬头很是认真地打量了一下台上的歌手，非常有实力的韩红这才被注意到，而此时的她正忘情地唱着她的《雪域光芒》。“跑啊，挣脱你的绳索/找回渴望已久的自由/啊……”歌厅里飘满了美妙的歌声。颇有见识的张越就在那一刻被吸引住了，也被震撼了，她当即拍板做了决定。不久，韩红第一次作为嘉宾，与张越面对面，庄严地走进了中央电视台的直播间。这一切都发生在1998年。

如果从学历来说，被挑选入伍的韩红当时只有初中二年级的文化。但是她知道课堂不是获取知识的唯一途径，只要勤奋，一样可以取得知识，于是她选择了自学。短短几年的工夫，她先是拿到了中央音乐学院的录取通知书，在此后的几年，解放军艺术学院又给她敞开了艺术的大门。

走过了那些晦涩暗淡的日子，韩红迎来了自己人生的光明。从1998年她的第一张专辑投入市场以来，不到两年的时间里，她就与自己的偶像毛阿敏、那英等站在了一样的位置，成为大家公认的中国内地实力派女歌手。但是在谦逊勤奋的韩红身上，你看不到一丝张狂的痕迹。提及自己成功的人生经验，韩红这样说道："人生如登山，而我只不过才登到五分之一处，接下来仍需要努力、努力、再努力!"

从韩红成长的过程中，我们不难发现：不管你是否是天才，不管你是否具有自己所从事事业的天赋，如果你要想成功，勤奋是成功路上必不可少的一项重要因素。

而女人要想获得超人的自信，也必须借助勤奋的双翼，这样才会飞得更高，走得更远。正如有位名人所说："成功与不成功之间只差别在一些小小的事情上，每天多做5分钟的阅读，多思考一下，多努力一点，就能逐渐提高自己的能力，达到人生的顶峰。"

古语云："天道酬勤。""天道"即"天意"，"酬"即"酬谢、厚报"，"勤"即"勤奋、敬业"，也就是说，天意会厚报那些勤奋、敬业的人。我们知道，人的一生不过区区数十年，而一个人要想在短暂的一生中成就一番事业，那就离不开勤奋。古往今来，凡事业有成者，没有一个不是勤奋追求者。天道酬勤，勤奋就是从一无所有到名利双收的法宝，是勤奋将成功变得如此简单，又如此美丽。

这一点，对于职场女性尤其重要。勤奋是梦想成真的敲门砖，勤奋是成就卓越的通行证。"业精于勤，荒于嬉""勤能补拙""笨鸟先飞也能赢"，不管你现在做的是什么样的工作，处在什么样的岗位，只要你有梦想，并且坚持为自己的梦想付出勤劳，付出努力，相信成功一定会属于你。

6 忍耐，更能赢得成功

中国人讲究忍耐，也欣赏忍耐，认为忍耐是成功的必要前提。所谓“小不忍则乱大谋”“忍一时风平浪静，退一步海阔天空”。因为中国人认为，成大事者必有远志，不必争一时一处之得，哪怕胯下之辱、篱下之苦，都是必须要忍受的。忍耐是一种大智慧，是一种理智地谋求长远目标的体现。善忍者能成大事。

史上有人评论楚汉之争，说刘邦之所以能胜项羽，关键在于刘邦能忍，项羽不能忍。刘邦低三下四与项羽结为金兰，屈膝纳拜，委身项羽麾下，甚至笑对烹其父，都是忍常人之不能忍；而项羽，很多时候是“百战百胜，而轻用其锋”，白白浪费战无不胜的神勇（只有一次，不该忍的时候，却忍了，那就是在鸿门宴上放刘邦一马）。刘邦在忍耐中羽翼渐丰，一待时机成熟，就直攻项羽软肋，取得全面胜利。

所以忍耐，并不是示弱，而是一种养精蓄锐，一种蓄势待发，一种对命运的默默挑战。明知道自己是鸡蛋，何必非要往石头上碰呢？逆境中要忍，所以可以卧薪尝胆，所以可以持节牧羊；顺境中也要忍，所以要敛锋藏芒，安然静守。有时候，一个人能忍多少，就表明他能做多大的事情。缺乏忍耐力的人，没有成功，只有失败。

一只骆驼在沙漠里跋涉着。正午的太阳像一个大火球晒得它又饿又渴，焦躁万分，一肚子火不知道该往哪儿发才好。

正在这时，一块玻璃瓶的碎片把它的脚掌硌了一下，疲累的骆驼顿时火冒三丈，抬起脚狠狠地将碎片踢了出去，却不小心将脚掌划开了一道深深的口子，鲜红的血液顿时染红了沙粒。

生气的骆驼一瘸一拐地走着，一路的血迹引来了空中的秃鹫，它们叫着在骆驼上方的天空中盘旋着。骆驼心里一惊，不顾伤势狂奔起来，在沙漠上留下一条长长的血痕。跑到沙漠边缘时，浓重的血腥味引来了附近沙漠里的狼，疲惫再加流血过多，无力的骆驼只得像只无头苍蝇般东奔西突，仓皇中跑到了一处食人蚁的巢穴附近。鲜血的腥味儿惹得食人蚁倾巢而出，黑压压地向骆驼扑过去。一眨眼，就像一块黑色的毯子一样把骆驼裹了个严严实实。不一会儿，可怜的骆驼就鲜血淋漓地倒在地上了。

临死前，骆驼追悔莫及地哀叹："我为什么要跟一块小小的碎玻璃生气呢？"

很多人都和这头可怜的骆驼一样，缺乏承受力、忍耐力，一时之怒带来的却是严重后果。"小不忍则乱大谋"，越是受到委屈时，越需要冷静、理智，这样我们才能从容地克服每个困难，走向成功。

在现代职场，也是这样，很多时候都需要忍耐，需要收敛，需要静守，需要自控。可喜的是，在这一点上，女性具有明显的优势。女人能忍受死亡、伤痛、寂寞、饥饿、离别、嘲讽、羞辱等。有研究表明，分娩的痛苦就不是男性所能忍受的，可见女性的承受力高于男性。而且这种忍耐力是天生的。

女人的忍耐力是与生俱来的。女孩在母亲肚里就很安静，她能忍受寂寞，不像男孩在肚里翻踢样样都来；女孩出生时叫声温柔，她能忍耐离开母体的惊慌，不像男孩刚离开母体就哇哇大叫；女孩要吃的时候叫声是那样娇嫩，她能忍耐暂时的饥饿，不像男孩刚有饥饿感就放声大哭；

女孩自己会吃饭的时候，她能忍受不太可口的饭菜，不像男孩哭闹着不肯吃，直闹到喜欢吃的为止；上学的时候女孩总能接受现实，忍耐与家长的暂时分开，不像男孩非吵到有人陪他几天不可；女孩上课安静，她能忍耐课堂的寂寞，不像男孩坐不住；女孩工作不挑三拣四，她能忍耐工作的压力，不像男孩特别喜欢跳槽……

这是女人的优势，更是女性在职场上优于男性的一点。女性在职场的承压能力、忍耐能力都高于男性，因而女性更忠于工作，忠于企业，更能长久地坚持一份也许机械无味的工作，而且也更能接受苛刻的上司和挑剔的工作。

文秀是做生活产品设计的设计师，她对自己的设计水平是很自信的。但是，她进公司后的第一个企划案就被退回，因为她的上司是一个完美主义者，设计的作品不达到百分之百的完美，在她那儿是别想通过的。文秀只好不断地修改，不断地修改。两个月过去了，她还没有一件作品被公司采用。这让她很难堪，要是再这样下去，她几乎已经没有脸再顶着设计师的头衔混下去了。

但她没有退缩。她想，哪怕是公司要解雇我，我也要交出一件让公司满意的作品之后再离开，我可不能就这样一无所获地走。于是，她泡在图书馆里查资料，去大超市甚至早市上仔细学习那些畅销生活用品的设计理念和方法，然后再按照上司指出来的缺点一遍又一遍地改，最终，她的设计通过了。

更令她没想到的是，仅仅交出了一件作品的自己，竟然被提拔为设计部门经理。原来是上司推荐的，上司去了更高的职位，就推荐她担任了设计部门的这一要职，理由是她能应对任何困难，而且百折不屈。原来，改来改去，都是上司对她的考验。

女人的忍耐力真的很大，承受的空间很大。女人为何面对折磨和打击能坚持下去？她们看起来没有男人的刚毅、没有男人的挺拔、没有男人的结实，她们表露出来的多半是温柔和弱小，但在她们温柔和弱小的背后，却是强大的忍耐力。这一点，男人望尘莫及。因而，在职场上，爱发火的是男性，爱跳槽的是男性，爱不满的是男性，爱半途而废的，还是男性。相比于男性，女性更能长久地坚守一个岗位，任劳任怨、默默无闻地一干好多年；女性也更能吃苦，更务实，有耐心，更愿意学习，更愿意成长，因而她们也更能获得企业的重用。

7 脚踏实地是女人的务实特质

脚踏实地、实实在在地努力，也是女性的职业优势。相对于男性而言，女性少了浮躁，多了务实，也更能在自己的岗位上干出成绩来。

赵丽丽曾经是一个平平凡凡、勤勤恳恳的公司文秘，因为一堂玫琳凯的美容课，把她吸引进了玫琳凯。怀着一份执著、一份认真，赵丽丽在玫琳凯脚踏实地做了下来。每一次培训都能看到她的身影，认真学习，认真消化，认真按照老师布置的去做，认真上好每一堂美容课，认真为顾客做好每一次服务。因此，她的基本功打得相当扎实。经过扎实的学习，她成长为一名业务经理，学会了站在对方角度思考问题，不再害怕与人沟通，不再担心销售，在自己成长的同时也带领了她身边的人一起成长。

成功永远属于脚踏实地、勤奋认真、有梦想、有爱心、有责任心的美丽女人。

男性则不一样，男人大多好高骛远，梦想比天高，又不太愿意低下身来做好生活中的平凡的小事。许多人刚步入职场，就梦想明天当上总经理。刚创业，就期待自己能像比尔·盖茨一样成为富人之首。要他们从基层做起，他们会觉得很丢面子，甚至认为这简直是大材小用。他们不明白，心性高傲，目标远大固然不错，但有了远大的目标，还要为之付出努力。如果只是空怀大志，而不愿为之付出艰苦的努力，那远大的理想就永远只能是空中楼阁，一文不值。不能脚踏实地的男人最大的失误就是不切合实际，总是活在遥远的梦想中，这样的男人往往这也看不惯，那也看不惯，或者以为周围的一切都是在为难他，或者不屑于周围的一切。他们只看到了一个无限扩大的自己，浮躁，高傲，自以为是，急功近利，却又做不好一件事，只想着一夜成名，一夜暴富，期望着干一番大事业，拿一份让众人为之羡慕的高薪，升到一个不错的职位，就是没想过如何从小事入手，脚踏实地地来做好。

好高骛远的男人们最喜欢听的事情是：某某30岁不到就上了中国富豪榜前3强，某某27岁就担任了团省委副书记，某某26岁就成了国际知名影星，某某家的儿子，和自己同龄，现在在上海有房有车，某某家的女儿比自己还小，在美国留学回来后担任某跨国公司的高级经理，某某同学现在年薪几十万。他们心里想的就是，我比他们能力更强，我也一定会比他们更强的。

这样想法是没有错的，但是只想不做，想法就永远只是空想，没有半分用处。在这样浮躁的心态下，男人在任何一个职位上都做不了几天就开始厌倦，因为他们觉得每天在这样的小岗位上耗着是不可能达到自己的目标。但真让他们干大事，他们又没有足够的能力。于是，他们就不停地跳槽，不停地变换工作，不停地跳来跳去。最后几年过去了，连一份像样的工作都还没有。

女性则完全不一样，女性的踏实和务实让她们更明白自己的优势和劣势，明白自己的目标，更懂得为自己的目标努力。脚踏实地贯穿在她们所有的行动中。她们心里想着什么你可能不会知道，但一定是静静的，是波澜不兴的，不会有如男人那样“胸中自有百万兵”的汹涌澎湃。她们的工作也许平凡，普通，但她们相信“没有平凡的工作，只有平庸的个人”，相信只要自己脚踏实地地去做，任何工作都会做好。她们会把一些小得不值一提的事做得有滋有味，轰轰烈烈。她们不事张扬，从身边的事做起，从一点一滴的小事做起，哪怕就做最简单的清洁和环卫工作，她们也能踏踏实实地做好。这样的精神，正是女性在职场上最大的优势，也是许多岗位都特别喜欢女性的原因。

鼎鼎大名的美国总统罗斯福曾说过：“成功的人并非天才。他们资质平平，但却能把平平的资质，发展成为超乎平常的事业，秘诀只有一个，就是踏实。因为只有踏实才能使人迈出的每一步都坚实有力，直达目标。”

“不积跬步无以至千里，不积细流无以成江河。”成功是靠一步一步的进步累积而成的，就像造一座大厦，需要一块砖一块砖地往上垒，没有谁可以造出空中楼阁。相反，如果地基打不好，上面再牢固，也是要倒塌的。凡成就一份功业，都需要付出坚强的心力和耐性，你想坐收渔利，那只能是白日做梦。你想凭侥幸靠运气攫取丰硕的果实，那无异于守株待兔。

一位哲人说得好：“好高骛远会导致盲目行事，脚踏实地则更容易成就未来。”

所以，女性要取得职场的成功，在自己的岗位上做出实实在在的成绩，就要发挥我们的踏实优势，脚踏实地，认认真真，从小事做起，从一点一滴做起，从最低的岗位做起。在最基础的工作中，不断地提高自己的能力，把自己分内的工作做好，让踩出的每一步都更坚实、更有力，从而成就自己的事业。

第八章

扬长避短：劣势也能成为优势

每个人都有自己的优势和劣势，聪明的女人不会让劣势成为自己发展的绊脚石，而是善于将这种劣势转化成优势。人生的诀窍就在于极大的发挥自身优势，聪明的女人能最大限度地表现自己的才华和优点，使自己具有永恒的魅力。只要懂得扬长避短，就无劣势可言。

1 女性爱哭，善用也能成优势

爱哭，几乎是女性的天性。几乎所有的女性都爱哭，即便是自诩为刚强的女人，也会在某一个时刻，情难自禁，梨花带雨，泪雨纷飞。

有人说，爱哭是因为女人天性是水做的。女人如水，纯纯静静；女人如水，飘飘荡荡经年不息；女人如水，清澈见底；女人如水，抽刀难断；女人如水，泪腺丰富，缠缠绵绵……女性的哭，似乎不是因为柔情，也不关乎弱小，只与女性的天性有关。

有个小男孩问妈妈："妈妈，你为什么在哭呢?"

妈妈说："我就是想哭"

小男孩说："我不懂"。

妈妈抱抱他，说："是的，你永远不会懂的。"

之后，小男孩问爸爸："为什么妈妈会无缘无故地就在哭呢?"

爸爸答得上来的只有："所有的女人都会无缘无故地哭。"

小男孩长大成了男人，但还是想不通"女人为何而哭。"

最后他决定打电话问上帝："上帝，为什么女人这么会哭呢?"

上帝回答："因为女人天性就会哭呀。"

小男孩说："为什么呢?"

上帝说："因为哭可以让女人放松，也可以让女人得到想要的东西。"

当然这只是一个杜撰的小故事。女人这什么爱哭？这与女人的荷尔蒙、情感和天性有关。女人从小被教会“充分表达”，也就是说，她们能表达自己所有的情感，尤其是通过哭泣。而男性哭则被冠以“无能”的帽子。在我们的文化中经常会听到这样的话，“男子汉流血不流泪”或“像个男人一样”。因而越长大，男性和女性的对哭的分歧就越大。

研究眼泪的威廉·佛瑞博士称，在12岁之前，男孩和女孩哭泣的数量是一样的，等他们到了18岁，女性哭泣的次数平均是男性的4倍。女性每月大约哭5.3次，而男性平均每月大约哭1.4次。

所以，老话是对的，女人比男人哭得多。其实不管是男人还是女人，哭泣都能带走压力，让人感觉到舒服一些。但女人心理上更为脆弱一些，而且社会对女人的哭泣也更为宽容一些，因此，女人的哭泣会多一些。

然而，对于竞争激烈的职场而言，爱哭却无疑是职业女性的弱点。众所周知，职场可不是适合放声大哭的地方，女性在职场上随便哭泣会被认为是不专业或者柔弱的表现。爱哭的女性，一般会被默认为是能力很差的弱者一类。所以，“职场不相信眼泪”，女性在职场，是不适合以哭来表达情感的。

顾明看上去是一个完美的职业女性，聪明、漂亮、有上进心，做事力求完美，唯一的死穴是爱哭。从小她就有一个绰号：泪包。升中学时，许多同学给她的毕业留言就是：林妹妹，请改掉动不动就哭的毛病。

可惜，这么多年了，顾明的泪腺还是那么发达，爱哭的毛病没有一点变化。辛苦设计了1个月的方案，被老板一票否决，顾明忍不住在办公室里偷偷掉了泪，本以为没人知道，可惜花了的睫毛膏将她彻底出卖。结果老板把她叫到办公室里，严厉地警告她：“将个人情绪带入职场是不职业化的表现。哭泣只能证明自己的无能！”顾明不得不强忍住又将要流出的泪水，委屈极了。

同样委屈的还有报社记者娜娜。截稿时间还有两个小时就要到了，娜娜本以为一切都要完成了，结果一篇重要稿件却被头儿否了，还要补充采访。娜娜一听头都大了，两个小时，能搞定这么多事吗？而且这个采访自己也是花了一天，整理了一夜才写好的，为什么就一次否决了呢？娜娜为自己昨晚熬了一夜却得到这样的结果感到委屈不已，忍不住在卫生间里泪雨滂沱，嚎啕大哭。全办公室的人都被娜娜响亮的哭泣声惊呆了！然而5分钟后，娜娜眼泪未干，就扑在办公桌上，开始争分夺秒地敲稿了。

而对于精明强干、能力非凡的水灵来说，眼泪真是不争气，让自己屡次止步不前。不久前，水灵的老板给她做了年终考评，对她来说那简直是一场灾难。老板解释说，虽然她的工作“很出色”，但没有给她一直期待的升职，原因在于她“太情绪化”，不能胜任更高一级的管理工作。老板还特别提到，有一两次她在极度压力之下，曾经当众放声大哭。

更糟糕的是，当老板向她宣布不能升职这一出乎她意料的决定时，她的泪水又一次夺眶而出。水灵是她们公司目前唯一的一位女性部门主管。她讨厌人们总是强化女性“柔弱”“情绪化”的僵化认知，特别是她觉得自己根本就不柔弱。但她在极度压力之下总是会哭，就是止不住泪水。这讨厌的泪水，一次次坏了她的好事。

办公室不相信眼泪，对于职业人来说，在职场突然飙泪，实在会让人觉得懦弱和无能，更会把上司和同事都惊吓住。职场上是理智和冷静的，每个人想的都是如何清楚而严肃地表达自己的想法，很少考虑到情感的干扰，尤其是带着哭的情绪下所传达的信息，常常会让人无所适从，不知所措，继而会厌恶和烦恼。所以，对于职场女性而言，即便你美貌如花，娇弱似柳，也得挺直了身子，以最刚硬的姿态，最庄重的姿势发，忍住眼泪，冷静面对工作，面对委屈。

但是，事情也不是绝对的，职场女性的哭，也不全是坏事。因为女性的眼泪很奇妙，女性的眼泪有许多妙用。它可以是恳求，可以是要挟，可以是进攻，可以是撤退，可以是痛恨，可以是关怀，也可以是示弱，可以是娇羞，内涵丰富，意义深广。最重要的是，女性一流眼泪，就如梨花带雨，楚楚可怜，让人顿生怜悯，即便是犯了再多的错，也没有人会忍心指责她们了。所以，女性的眼泪，如果运用得当，也可以成为自己纵横职场的一件武器。

《橘子红了》里的三太太一边说："六爷，我不是那个意思……"一边周迅那晶莹剔透的大眼睛扑簌簌泪雨纷纷，直看得电视机前的男人们心疼得扼腕叹息。

这就是武器！

不仅仅电视剧里可以用，现实工作中一样可以。

某女主播在办公室上演"哭"的戏码，稳住了自己的一姐宝座。电视台晚间新闻是黄金时段，能在该时段露脸的人被视为是该公司的一姐或一哥，竞争之激烈可想而知。该女主播一度传出在人事恶斗下将被换下一姐的宝座。在传言满天飞的情形下，随缘的人可能被动地随公司调动；但积极的人则想方设法化危机为转机。这名女主播当时就采取主动但弱势的泪水策略，在主管面前展开了一场柔性谈判，梨花带雨，泪水纷飞，竟然大获成功，最后成功保住电视台一姐地位。

所以，在职场，眼泪不是不可以流，也绝不是流眼泪就全是劣势，全是不应当，适度的哭和泪水，有时反倒有意想不到的作用。关键是善于运用，在于流出"有效眼泪"。

何谓"有效眼泪"？简单地说，就是职场人可以通过眼泪来表达自己的情绪、立场和意见，但流泪时，应该是带着想法的，应当有所目的。

"有效眼泪"需要几个条件：不要妄自菲薄，准备好足够的理由来支持自己的立场，同时动之以情，否则上司很可能没有耐心听你哭诉完。

动不动就哭泣，动不动就飙泪，只会让人觉得你讨厌。特别是某些心意已决的上司属于拒绝沟通型，哭泣只会让他们更坚定自己的想法，更觉得应当换掉你的岗位。所以即便想要用流泪这一武器，也要冷静地引导他们展开话题后开始。比如，当要进入比较严肃的话题时，建议使用比较婉转的话语开头，像"我非常需要您的意见，我可以跟您聊一聊吗?"让他们能听你的诉说后，再来选择适当的时候流泪，效果才是最好的。

有一些上司属于主宰型的人，这类人特别要求尊敬和权威。即使你泪光盈盈，楚楚可怜，上司也可能无法马上答应，必须给上司一段缓冲的时间，给其一个合理的台阶下，尽量避免让自己成为公司的一个特例。尤其要避免给上司一种你可能会得寸进尺、贪得无厌、拿眼泪来要挟他的印象。

若只想单纯抒发情绪，只是想哭哭而已，并没有什么明确的目的，也不想运用眼泪达到什么要求，那么就一个人躲起来大哭一场就行了，大可不必跑到上司或是当着同事的面哭得稀里哗啦，留下一个情绪化的、爱哭的印象，反而对自己不利。

还要注意的是，最好不要在办公室里哭，更不要在开会时当众哭。办公室毕竟是一个公共场合，如果你的哭泣引起了大家的反感和侧目，那你要想一想，自己是否违反了办公室的游戏规则。如果实在委屈得忍不住，可以躲到卫生间痛哭一场；你可以在休息室，涕泪横流地向你关系最好的同事倾诉，但不要当着客户哭着跑开去，让老板难以下台；如果你把自己的情绪带到谈判桌上，搞砸了重要的工作，那你就很难找到为自己开脱的理由。

哭过之后，心里会好受多了，再残酷的现实也能承受一些了。但记得不能把哭的痕迹留得太长，不哭了就马上洗脸整理，可以用眼药水修饰红肿的眼睛，用粉底、眼影、卸装液，来遮掩哭花了的妆容。迅速平整心绪，改变心态，或者听听音乐，都能让你尽快恢复工作。

2 爱攀比，其实也是进取的动力

攀比是人性中最为普遍的一面，人生的每一个阶段都会留有攀比的足迹。当我们上幼儿园时，比哪个小朋友的书包最漂亮；当我们上中学时，比哪位同学的学习最好；当我们上大学时，比哪位同学的恋爱最精彩；当我们工作时，比哪位同事在工作中最出色；当我们选择自己的伴侣时，比他（她）是不是最优秀；当我们建立了属于自己的家庭时，比自己是不是过得最好；当我们有了自己的儿女时，比他们是不是最乖……如此众多的比只是人们潜意识中的一种攀比。这种攀比不会对人的生活造成任何影响，但它会一直存在于人的意识当中。

“嗨，看看，我新买的手机，能上网，可以视频，还能……”

“看看小丽，昨天又买了一套阿玛尼，新款……”

“哎，你知道不，张丽和马月下月要外派出国了，去欧洲工作耶……”

“下月我们也买套别墅吧，老顾家都有两套了……”

“妈妈，我也要去香港迪斯尼玩，乐乐都去两次了……”

有人群的地方就有差异，有差异就会有比较，有比较就会出现心理上的攀比，比穿着打扮、出国游历、比房子、比车子、比位子，甚至孩子也知道比零花钱……任何人都存在一定的攀比心理，相对来说，女性表现得要更突出一些，这也是女性的天性所致。女人的感情相对男人而言要更加细腻，思维也更加周密，但理智和冷静就稍微差一些。而且女人有强烈的虚荣心，还有比男性更强烈一些的物质欲。这些都决定了女性的攀比心更强一些。不管是吃的、穿的、住的，甚至形象、能力、水平，无一不想要比别人强，比别人好。

李月在别人眼中是名副其实的“女强人”，做事干练果断，为人豪爽直率，团结在她周围的一些男同事无不称赞其绝无仅有的干劲和利落。因而，她也和他们一起称兄道弟。可是突然有一天，她无意间听到其中一位同事说：“李月什么都好，就是缺少了些女人味，你看人家……”李月的心里不是滋味。于是在以后的日子里，她尽量让自己变得有“女人味”。走路时“婀娜多姿”，说话时“柔声柔气”，可是她这样“装腔作势”反而让人感觉怪怪的，“女人味”变成“怪人味”。

人在职场，有许多人在一起工作，特别是女性，总免不了比一下。今天可能是比谁的衣服好看，明天可能是比谁赚的钱比较多，后天又比某某男友阔绰，总之能攀比的内容各种各样。攀比是女性的本性，也不是不可以，但千万不能让消极攀比害了自己。

攀比有积极的和消极的两方面。积极的一方面可以给人的生活带来一种向上的动力，以别人为榜样努力奋斗，以达到他人那样的水平；消极的一方面则会影响个人的生活，给心理造成一种压力的——别人为什么能成功，而自己为什么会失败？

中国有句古话叫做“人比人，气死人”，消极的攀比会让我们的情绪总是陷在一种自责状态里，时间长了就会给心灵的天空罩上一层难以抹去的自卑的阴影。消极的攀比会带给人巨大的精神压力，使人产生极端的自我否定或肯定意识。消极攀比的弊端就在于缺乏对自我和环境理性的判别，一味地攀上比下，追求不切实际的目标，把自己的拥有与别人攀比，而陷入自卑与嫉妒心之中。有房的，看到别人房子更大，就想要大房；有了大房子，看到别人住别墅，又想要别墅；没车的，看到别人有车，就想买车，及至有了车，看到别人车子更好，马上又想换更豪华的。这山望着那山高，最终把自己弄得焦头烂额，疲惫不堪，烦恼痛苦随着不断膨胀的欲望而源源不断，自己的人生也陷入攀比的陷阱中。

江润黎，曾任抚顺市国土规划局局长、市规划和国土资源局局长、市规划局局长、市政府副秘书长等职务，是以好奢侈享乐而著名的女贪官，其犯罪就是攀比心作怪。

江润黎酷好品牌奢侈品，看见别人有的，自己也一定要有。因此大量收受贿赂，以满足贪欲。为了存放她的大量名牌奢侈品，她专门购买了一套190多平的大房子来摆放她的奢侈品。这些奢侈品包括劳力士、欧米茄等品牌手表48块，LV等名牌手包253个，高级名牌服装1246套，另有金银首饰、珠宝等600余件，室内2200余件物品总计价值420多万元。

办案人员把这些珠宝首饰摆出后，甚至比金银首饰店都丰富。更好笑的是，这些大牌奢侈品、服装90%以上都没有开包使用过，200多件高级化妆品还没开封已过了保质期。也就是说，这个女贪官根本没能享用这些奢侈品，只是摆着看而已。

而她的下属——抚顺分局女局长罗亚平，更有过之而无不及。罗亚平在抚顺市内就有22处房产，总面积达6000多平方米。她用别人的名义在同一楼房、同一单元、同一朝向的8、9、10层购买三套住房，仅装修就花销100多万元；她看别人有豪华小汽车，自己也赶快去买，用185万元购买了一台奔驰S500型轿车，仅用过两次，都是往大连运送赃款赃物。她说："只要有车，即使不开，看着也高兴。"罗亚平2007年一次就从沈阳卓展购物中心用公款购买了20万元的购物卡，除了自己消费，还送给有关领导及自己下属，把整个班子都拉下水。

贪官攀比在中国算一大风景。很多贪官之所以贪都是从攀比心开始的。同样当官，为什么人家有钱买房买车？比来比去就开始贪开始腐，甚至贪官与贪官都还互相攀比。

原湖南省郴州市副市长雷渊利，在被审讯时感叹：“在郴州要数贪官，我算小的，只能排在第12位。”死到临头还在攀比。

消极的攀比，真的一点儿好处都没有，只会让自己陷入攀比的怪圈，越比心越难受，因为永远有比你位高、比你权重、比你富有的人，永远有比你幸福、比你快乐的人。所以，身处职场的女性，要少攀比，别虚荣，踏踏实实工作，知足知福生活。

但是，攀比也并非全是坏事。撇开消极的攀比不谈，积极的攀比还是有很好处的。“水往低处流，人往高处走”，追求美好，不断向上，是正常的心理倾向。不论是工作、学习还是生活，总想比别人好，能够得到社会和他人的赞扬，并没有什么不好，恰恰这还是我们争取进步、追求高目标和高标准的驱动力。而且女人天生爱面子，喜欢漂亮，喜欢攀比，有点小小的虚荣心其实无伤大雅。

对那些安于现状、不思进取的人来说，他们喜欢以淡泊名利来为自己开脱，并且对攀比和虚荣心大加指责。对于这样的指责，我们完全可以不予理睬，安于现状、不思进取的懒惰和淡泊名利完全是两回事，只有一个成功了的人才可以明白自己是不是淡泊名利。如果你连成功的边都没有沾到，怎么可以有权利说自己淡泊名利呢？相反，拥有恰到好处的虚荣心的人，无论是工作还是生活就会有一个明确目标，也会努力去实现它。只要不过分，适度的攀比是积极的。

所以，对于自己的虚荣心，爱攀比的小私心，不要单纯地拒绝或者破坏它，而应该去改善它、诱导它为自己的人生加分。

比如，从女性最爱攀比的穿着来说，并非追求名牌、追求奢华就完全不对，如果你期望着某个更高的职位，当然可以先把自己往更高职位的形象来打扮。买一些与这个职位相称的外套、手袋等，是必须的。模仿某个你心中的偶像来打扮自己，也没有什么不可以。这样反而会让你的形象更接近于你想要的职位，一旦上司需要换人时，就会首先考虑到你。

如果职场女性善于把自己的攀比心从正面攀比来发挥，把攀比看成是有益的竞争，就会激发出她们积极努力、奋发上进的一面，会促使她们更加努力地工作，不甘落后，不愿服输，积极进取，“比学赶帮超”。这样的攀比，会激发潜能，促使她们不断地提升自己，完善自己；这样的攀比会振奋精神，激发进取心，引导她们更加勤奋，更加努力，为自己的目标付出汗水，并最终达到心中的愿望。

3 女性爱聊天，可从闲聊中捕获有用的信息

女人天性爱说话，爱扎堆，爱聊天，职场女性也不例外。花边新闻、王长李短，老板如何为人、某某怎么化妆、谁谁每天故意加班表现、谁谁刚上班连穿衣打扮都不会，无聊谈资总是偷偷摸摸而又光明正大地充盈着办公室茶余饭后的每个角落。

闲聊其实是职场的一忌。闲聊消磨了很多时光，也耽误了很多正事。不论哪个公司、哪个老板都讨厌这样的闲聊，更讨厌一些女性在碎嘴的闲聊中说三道四，搬弄是非，惹出一些不必要的麻烦来。因而有的公司甚至明确规定，在办公区范围内禁止闲聊，以减少因女性员工的闲聊惹出的麻烦，提高工作效率。

但其实，闲聊中有着大量的信息。女性嗅觉灵敏，善于捕捉信息，通过闲聊，正是女性捕获信息的好机会。别看闲聊中尽是些鸡毛蒜皮的小事，鸡零狗碎的秩闻，大量的有用的信息就隐藏其中，善于捕获，能为自己的工作甚至人生产带来极大的转机。

说起来都不敢信，京都龙衣凤裙集团公司总经理金娜娇，其成功的契机竟然就是从闲聊中得到的信息。

1991年9月，金娜娇代表新街服装集团公司在上海举行了隆重的新闻发布会。在返往南昌的回程列车上，在和同车厢乘客的闲聊中，金娜娇无意中得知清朝末年一位员外的夫人有一套服装，分别用白色和天蓝色真丝缝制，白色上衣绣了100条大小不同、形态各异的金龙，长裙上绣了100只色彩绚烂、展翅欲飞的凤凰，被称为“龙衣凤裙”。金娜娇听后欣喜若狂，一打听，得知员外夫人依然健在，那套“龙衣凤裙”仍珍藏在身边。虚心求教一番后，金娜娇得到了“员外夫人”的详细住址。

这个意外的消息对一般人而言，顶多不过是茶余饭后闲聊中的谈资罢了，听到了也不过是一句闲聊话，有谁会想到那件旧衣服还有多大的价值呢?

但金娜娇相当敏感，马上从这条信息中嗅出了无穷的商机。她马上改变返程的主意，马不停蹄地找到那位年近百岁的员外夫人。对于服装有潜心研究的金娜娇看到那套色泽艳丽、精工绣制的“龙衣凤裙”时，也惊呆了。她敏锐地感觉到这种款式的服装大有潜力可挖。

于是，金娜娇来了个“海底捞月”，毫不犹豫地以5万元的高价买下这套稀世罕见的衣裙。她相信这样的服装应当有许多人喜欢，如果开发出来一定有很大的市场。

当然，这还仅仅只是一个机遇，一个偶然，如何才能使其变为现实呢?回到厂里，金娜娇立即选取上等丝绸面料，聘请苏绣、湘绣工人，在那套“龙衣凤裙”的款式上融进现代时装的风韵。功夫不负有心人，历时一年，设计试制成当代的“龙衣凤裙”，一款新式服装开发出来了。

在广交会的时装展览会上，“龙衣凤裙”一炮打响，国内外客商如潮水般涌来订货，订货额高达一亿元。

就这样，金娜娇从“海底”捞起一轮“月亮”。她成功了！从中国古典服装出发，开发出现代型新式服装，最终把一个“道听途说”的消息变成一个广阔的市场。

任何成功都不是偶然的。成功的机会在于挖掘，即使是闲聊，即便产一条不起眼的信息，也可能蕴涵无限的商机。关键在于我们是否有一双善于发现的眼睛，有一双会听的耳朵，有一颗会捕捉的心。只要有心，善于发现，善于行动，每一个聪明的女性都能从海量的信息中发现对自己最有利的那一条，并引领自己走向成功。

“纯艺空间”培训学校的创始人孙瑾，当初放弃当大学老师的铁饭碗，自己筹资创业的灵感就来自一次公交车上的闲聊。

“那是2007年初，我从马山去城里，看到在公交车上乘客中有很多孩子，攀谈中才知道他们在假日里都要来回坐3个小时的公交车，去城里参加培训班。旁边的家长告诉我，农村基本没有艺术类培训班，只能把孩子送到城里去。”孙瑾听了，这不禁让她眼前一亮：自己就是美术专业毕业的，为什么不在马山办艺术培训班呢！一来可以解决农村孩子学艺难的问题，二来也可以实现自己的创业目标。

2007年4月份，学习成绩优异的孙瑾即将毕业，老师专门找她谈话，希望她能留校任教，但孙瑾摇摇头，要自己创业。借了6000元创建自己的培训中心，用于租房和购置必要的教具设备，开始来学习的孩子少得可怜，但她以质量说话，积累起了良好的口碑，来学习的孩子越来越多。现在已经发展成开设音乐、美术、书法等多个科目，拥有200多名学员的正规教育培训机构。

现在，我们身处信息时代，信息就是我们经商的基础，所以，捕捉信息，就等于捕捉了成功的机遇。知道那套“龙衣凤裙”的人肯定很多很多，但为什么只有金娜娇才能发现它的价值，并把闲聊中的信息变成一个成功的契机呢？这与女性对信息的敏感性有关。

女性对各种各样的信息非常敏感，特别是对于闲聊中的信息，更会一听不忘，而且女性也更善于从海量的信息中寻找到有利于自己的信息，对信息的筛选力也更强。这对于爱聊天的女性来说，非常有利。

从工作效率的角度来看，爱闲聊，或许是职场女性的一大弱点。俗话说：“三个女人一台戏。”女人们走到一起，总有没完没了的话可说，有时还爱说三道四，惹事生非，实在是影响工作效率。但是，如果好好地发挥一下女性本能中对信息敏感性强这一优势，说不定聊着聊着，就聊出了灵光，就迸发了火花，就聊出了解决问题的办法，就聊出了创业致富的商机。这何尝不是一种收获呢？

4 不再抱怨，感恩让正能量翻倍

女人话多，嘴碎，爱唠叨，爱抱怨。很多女人总是生活在唉声叹气和怨天尤人的牢骚之中。她们总是看这也不顺眼，听那也不对劲，常常心中愤愤不平，抱怨命运，痛恨别人，不是抱怨世事不公，就是哀叹老天无眼。这样的场景在生活中随处可见。

有一天莉莉应邀去朋友家吃饭。自从做了妈妈之后与朋友们相聚的时间就少了，难得见一次面，大家都很兴奋，空气中充满了好闻的熏肉味和咖啡的香气。妈妈们还带来了孩子，小宝宝们哭哭闹闹，不久他们全都睡着了。妈妈们难得悠闲，大家话头正酣，但不知是谁开的头，气氛一下就变了，愉快的聚会变成了妈妈们的诉苦大会。当这个话头一提起，所有的妈妈们肚子里似乎都有倒不完的苦水。

最招媳妇不高兴的首先是婆婆。一个妈妈开始埋怨婆婆，矛盾的焦点是两代人不同的育儿方法；另一个说起自己有手好闲、让全家人整天提心吊胆的弟弟；还有一个开始埋怨她那个懒散的老公……当自己的抱怨得到朋友们的同情时，气氛变得越发热烈起来，大家都在抱怨着彼此不相干的事，但每个人似乎都在这时得到了极大的满足。很快，莉莉也加入进去，开始数落刚来到她家的妈妈。

抱怨，一个正在越滚越大的雪球，马上就要发生愤懑的“雪崩”了。可以想见，如果继续下去，这个聚会将会不欢而散，并且将会留下长久的阴影——你看，小丽和她婆婆的关系不好，咱们就别去她们家了……小娟家的保姆根本不会带孩子，咱们也别找保姆了……

抱怨很容易，随时随地可以找到抱怨的理由。不想读书可以怪老师教得差，人际关系不好可以怪大家不了解你，吃得太胖可以怪妈妈或老婆煮的东西太油腻，同事高升可以怪老板偏心，工资太低怪自己公司的效益不好，天气太糟了，道路太堵了，物价又涨了，孩子不听话，老公太窝囊，老板太抠门……心理学家说：“我们往往把抱怨作为与人开始交流的最有效手段。人们之所以爱从负面的角度切入话题，是因为这个角度比正面的角度更能引起大家的共鸣，从而拉近彼此之间的距离。”这也正是为什么抱怨来得那么多，那么无时无处不在的原因。

然而，再多的抱怨有什么用？抱怨不会给我们的处境带来一点改变，抱怨只会使我们的内心痛苦不堪，只会让我们在怨天尤人的愤怒情绪中，把事情搞得越来越糟，把解决问题的机会再次错过。抱怨只会毒害我们的心灵，让我们一事无成。

所以，要想使自己摆脱负面的情绪，昂扬生活的勇气，就要摆脱抱怨，改变抱怨的自己。新英格兰的妇女运动名人格丽·富勒曾将一句话奉为真理："我接受整个宇宙。"是的，不管生活是好是坏，不管处境是优是劣，接受它，并且改变它，才能让生活变得更好。如果现实不能改变，我们就要学会改变自己。

改变自己，把抱怨化为感恩，一切因抱怨而产生的负能量就会我们而去，而进取向上、阳光灿烂的正能量则会围绕在我们身边，感染周围的每一个人，阳光就会照进我们的心里，生命就会变得不同。

微软总部的办公楼里有一位临时雇用的女清洁工。在整个办公楼几百名雇员里，她是工作量最大、拿薪水最少的人。而且，她也是唯一没有任何学历的人。

可她却是整座办公楼里最快乐的人！每一分钟，她都在快乐地工作着；见到任何一个人，她都面带微笑；对任何人的要求，哪怕不是自己工作范围之内的，自己不知道能不能帮上忙的，她都会愉快并努力地跑去帮忙。

周围的同事也很快被她感染，没有人在意她的工作性质和身份地位。有很多人都愿意和她交朋友，甚至包括那些公认的冷漠的人！

总裁比尔·盖茨很惊异。一次，他忍不住问她："能否告诉我，是什么让你如此开心地面对每一天吗?""因为我在为世界上最伟大的企业工作!"女清洁工自豪地说，"我没有什么知识，我很感激公司能给我这份工作，让我有不菲的收入来支持我的女儿读完大学。而我唯一可以回报的，就是尽一切可能把工作做好。一想到这些，我就非常开心。"

盖茨被女清洁工那颗感恩的心深深地打动了。他动情地说：

“那么，你有没有兴趣成为我们当中正式的一员呢？我想你是微软最需要的。”“当然，那可是我最大的梦想啊！可是我没有学历呀！”女清洁工睁大眼睛回答道。

盖茨给了她学习和发展的机会。此后的几个月里，女清洁工被安排用工作的闲暇时间学习计算机知识，而公司里的任何人都乐意帮助她。她真的成了微软的一名正式雇员！

作为一名职业女性，面对着每日枯燥无味的工作，像女清洁工那样怀有一颗感恩的心、一颗奉献的心是多么重要！有了这种感恩心，你会每天有一个好心情来面对自己的上司和同事，他们也会被你的快乐所感染而更加喜欢你；工作会因此而增添几分乐趣，有困难也微不足道，同事之间更加团结；心灵也总是充满快乐，尽管工作越来越复杂，但你发现自己已经学会处理麻烦，享受着这种接受挑战的快乐了。

感恩是生活的智慧。懂得感恩的人是幸福的人。因为她总是会认为自己已经获得了很多。她对身边所有美好的事物都非常留恋和感激。她的心里总是被博爱所填满，就会忽略那些生活中不好的事情。她总是想去报答别人，回馈别人，因而有自己生活下去的动力和信心，这样，心态就会非常积极和健康。

感恩犹如心灵的泉水，源源不断地滋润心田，使心灵免于干涸。它让生命充满生机和朝气，遍洒阳光，享受生活的美好和幸福。

懂得感恩，也是一个职业女性优良品质的重要体现。怀有一颗感恩的心，可以改变一个人的工作态度。当你清楚地意识到无任何权利要求别人时，就会对周围的点滴关怀或任何工作机遇都怀抱强烈的感恩。因为要竭力回报他人和这个美好的世界，你会竭力做好手中的工作，努力与周围的人快乐相处。结果，我们不仅工作得更加愉快，所获帮助也更多，工作也更出色。

5 控制情绪，冷静理智的女性更受尊重

女性天生比较感性，也就更容易情绪化。喜怒皆形于色，哀乐尽表于心，一遇到事情就容易激动，容易被情绪控制，以至于失去理智和冷静，冲动行事，影响到工作，也影响到自己的形象。这其实对于职业女性来说是很吃亏的。因为在职场，一个情绪化严重的女性，动不动就是怒，或是动不动就哭，就生气的女性，会被人认为是不冷静、不专业、能力平庸的表现，即便能力很强，晋升之路也很难。而且对于无情的职场来说，本来生存就很难，如果过于情绪化，由着自己的性子来，也会错失很多机会，让自己后悔不及。

"老板这回不知道为什么发那么大的火，不就是出了一个小错吗?"丁娜委屈得不行，但还是诚恳地认了错。但老板不依不饶，还在不停地怒吼，不知道怎么了，丁娜的火气也一下子冒上来，把文件夹一扔，大声回道："你说够了没有?能不能闭上你的嘴?我不干了不行吗?"拂袖而去。

但很快，后悔就在心里蔓延开来。丁娜说："辞职离开公司的那一刻觉得自己很牛。睡了一觉醒来，很快满脑子就想着'又要找工作了'的念头，我开始后悔当时太冲动。"但开弓没有回头箭，她只好四处辗转找工作，找了一段时间，才找到一份适合自己的工作。现在她评价那次辞职是"一次赌气多过理性的行为"，"其实我的老板还有很多可爱的地方，自己没有必要那么极端，那么快做决定"。

张静在广州一家大型外企已经做了大约两年的采购主管，年初时，因不满上司提拔了一位新来的同事而不是她，与上司大吵一架，愤然辞职。“平时出差、假期、福利就挺偏袒她，我都忍了，现在又是提拔。论能力还是论资格，我都比她强，我就是气不过。”一个月后，张静还在找工作，“我当时太冲动了……”

工作了4年的妙妙，也很后悔自己因厌恶客户放弃订单，而放走了一些很有潜力的长期大客户。当时有些客户想“吃拿要”，有几个言行粗俗让自己很烦，一赌气就干脆不做那几单生意。她的同事转去跟进，业绩增长很快。自己回想起来，其实客户的行为并不算非常出格，自己缺乏经验和远见，太情绪化，错失良机。

清代魏子安在其《花月痕》中说得很透彻：“一朝失足千古恨，再回首已百年身。”后悔又有什么用？

与男性相比，女性的情绪更易外露。由于社会对女性的定位，人们可以自然地接受女性毫不掩饰地把自己的真实情感表达出来。哲学家康德也说过，女性的细致和敏锐使“她们对极其微不足道的羞辱都十分敏感，对一丝一毫的怠慢和不尊重也能感觉出来”。因此女性的情绪较易受影响，不稳定。

然而，工作中若不具备控制情绪的能力，情绪上的多变会使工作效力降低，更重要的是，情绪会掩饰不住地表现出来。不能保持理性的自信和热情就不能激励下属，难以影响他人。如果不能保持冷静，碰到困难就可能无法理智地加以思考，造成乱中出错的局面。可以想象，一个连自己都管束不了的人如何去领导和影响别人，也很难赢得上司的信任。

事实上，职场如战场，比的不仅是能力和实力，更是自控力和耐受力。愤怒时，不能遏制怒火，使周围的人望而却步；消沉时，又放纵自己的萎靡，把稍纵即逝的机会白白浪费，这样的女性没有前途。一个冷静、理智、自尊、自信的女性，才是职场最精明强干、最有前途、也最受大家欢迎的形象。对情绪化的女性，不仅老板不喜欢，不会重用，同事也会很讨厌这样的人，瞧不起这样的人，害怕与这样的女性打交，不愿与她们合作。

日本网站不久前对“哪种类型的职场女性不受男性欢迎”进行了调查，结果显示：排名第一的是“过于情绪化”，60.4%的男性表示不善于和“情绪化严重”的女性共事。排在第二位的是“过于势利”，“好胜心过强”则紧随其后。

对于女人来说，理性、冷静和自制是最难得的美德，也是能提升自己形象、赢得更多尊重的特性。能控制自己的情绪，不让自己过于情绪化，保持职场女性应有的冷静、理智和自尊，更能赢得别人的尊重。

法国电影明星洛依德正当红的时候，每天都有无数的女性发疯般地喜欢他，洛依德对此既骄傲又烦恼。

一天，洛依德开车到检修站，接待他的是一位年轻女工。这位女工容貌俊美、手脚麻利，一直认真仔细地检修车辆，连头都没有抬一下。

洛依德纳闷了，整个巴黎全知道他，但这位姑娘却丝毫不表示惊异和兴奋。“你喜欢看电影吗？”他不禁问道。

“当然喜欢，我是个影迷。”她手脚麻利，很快修好了车，“你可以开走了，先生。”

洛依德却依依不舍：“小姐，你可以陪我去兜兜风吗？”

“不！我还有工作。”

“这同样也是你的工作，你修的车，最好亲自检查一下。”

“好吧。是你开还是我开？”

“当然我开，是我邀请你的嘛。”

车行驶得很好。姑娘问道：“看来没有什么问题，请让我下车好吗？”

“怎么，你不想再陪一陪我了？我再问你一遍，你喜欢看电影吗?”

“我回答过了，喜欢，而且是个影迷。”

“你不认识我?”

“怎么会不认识！你一来我就认出你是当代影帝阿列克斯·洛依德。”

“既然如此，你为什么这样冷淡?”

“不！你错了，我没有冷淡。只是没有像别的女孩子那样狂热。您有您的成就，我有我的工作。您来修车是我的顾客，如果您不再是明星了，再来修车，我也会一样地这样待您。因为这就是我的工作。”

洛依德沉默了。在这个冷静、理智而自尊的普通女工面前他感到自己的浅薄与虚妄，他不由得对她肃然起敬。

也许，有时候是需要一些狂热和激情的，但不适合于职场。在职场，唯有冷静理智的女性，才能更让人感受到她们的能力和魅力，更让人尊重。

所以，在职场，女性要学会控制自己的情绪，学会冷静和理智地对待工作，对待同事，对待上司，对待客户。像《菜根谭》里说的：“冷眼观人，冷耳听语，冷情当感，冷心思理。”意思是：要用冷静的眼光去观察人，用冷静的耳朵去听别人的言语，用冷静的心情处理感情，用冷静的头脑去思考事理。这才是一个精明能干的女性在职场应有的态度。

那么，如何有效地控制自己的情绪，避免自己情绪化呢？我们可以尝试以下方法：

怒气正大的时候，不必刻意压抑怒气，但需要平息冲动。自己同自己沟通，想想自己为什么发怒，想想发怒的后果是什么。努力地开导自己，告诉自己无需为别人的错误而惩罚自己，要是为这样的事情而大发雷霆，那简直是在浪费生命。

当迁怒于别人时，问问你自己究竟是对谁生气。寻求其他人的支持，直接面对引起你愤怒的来源。反复地告诉自己，我不要生气，不要冲动，我要心平气和，我要心情愉快，我不能自己伤害自己，更不能伤害别人。

当出现冲动行为时，深呼吸，控制自己，告诉自己暂停三秒钟，然后再行动。

控制好自己的情绪也是需要练习的。当它形成习惯的时候，你就会发现，原来成功地控制自己的情绪也没有想象中的那样困难。

6 克服性格缺陷，成为最完美的职场女性

古希腊先哲赫拉克利特认为，一个人的性格就是他的命运。哈佛大学著名心理学教授威廉·詹姆斯，把性格问题阐述得更加透彻。他指出：“形成一种习惯，培养一种性格；形成一种性格，带来一种命运。”可见，性格对于人的一生具有十分重要的作用。

据美国公布的一份权威调查显示，美国近 20 年来政界和商界的成功人士的平均智商仅为中等，而情商却是高等。人的情商要素都包括在性格之中。因此，性格决定命运已得到了现代科学的论证。

好性格带来好命运。对于女人来说，塑造良好的性格至关重要。纵观历史上那些受人爱戴、德高望重、功勋卓著的女人，她们的命运起伏波折，各有迥异，但是连接命运重要的就是她们的性格，是性格造就了她们不同的命运。

西汉时期，为了民族团结而远嫁匈奴和亲的王昭君，她的性格就刚正秉直，而且知书识礼，有民族大义。她的性格体现在她对待所有事情的鲜明态度上。王昭君是出了名的美女，16岁选秀进了宫。皇宫里人事复杂、勾心斗角，为了能够得到宠幸，很多宫女不惜谄媚逢迎、用贵重财物向太监、官员行贿。但是自幼就心高气傲、性格正直的王昭君，却从不向任何人低头，不向任何人献媚。她的这种“傲慢”性情得罪了当时的许多宫廷太监，他们时不时地给她小鞋穿，让王昭君始终没有“侍君”的机会。宫廷画师毛延寿，是皇帝身边的“红人”，皇帝只根据他的画像来决定选择哪位妃子侍寝。但是毛延寿同时也是个卑鄙小人，他利用手里这点儿权力向宫女们索要财物。每替一个宫女画像之前，他都会厚颜无耻地向宫女示意，宫女悄悄塞上珠宝银两，毛延寿才会把她们画得漂亮一些，让皇帝选中她们。但是轮到给王昭君画像的时候，耿直的王昭君对毛延寿的暗示毫不理会，装作没有看见。毛延寿很生气，不仅把王昭君画得很丑，还在她左眼边点了一颗痣。这样，王昭君自然就没有得到皇帝的宠幸。

这之后，匈奴首领单于以刚死了妻子为由，向汉室索要一名女子作为和亲人选。王昭君听到这个消息后，自告奋勇地要求远嫁匈奴。到了匈奴，王昭君个人的性格对边疆的安定和发展起到了重要的作用。她鼓励人们农耕，并且将汉室文化带到匈奴部落，提高了匈奴民族的生产技术，同时也促进了民族融合。最终，她获得了人们永远的尊敬和爱戴。她死后，匈奴人还建了一座庙宇专门纪念她。

王昭君的命运是由她的性格决定。假如她不是心高气傲，而是低头献媚，她就可能早就被选为皇帝的妃子，也就不会远出塞外，远嫁匈奴了，她的人生将从此改写。假如她和其他宫女一样，开始时不敢向宫廷黑暗挑战，后来也不敢争取机会，或许她一生也不过是一个默默无闻的老死宫中的宫女。

性格决定命运，好性格才有好命运。一个女人，要想工作顺利，生活幸福，拥有良好的人际关系，快乐的心境和卓越的人生，就要注意培养自己的好性格。职场女性尤其如此。一个好性格的女性，就像春天的一缕微风、夏日的一抹清凉，让职场的同事们都能感受到人间的美好，世界的美好，因而不管做什么样的工作都能得到大家最大的帮助。她也会拥有最好的人缘。她是最受欢迎的人，当然也会取得自己的成绩，拥有自己的成功。

什么样的性格最适宜于职场呢？这其实是没有定论的。每一个人的性格都是不一样的的，每一种性格也都各有优势各有劣势，关键是我们怎么样发挥自己的性格优势，克服自己的性格劣势，以最完美的姿态闯荡职场，一定可以成为最完美的职场丽人。

（1）开朗型性格。

这种性格的优势是职场上是明显的。态度热情，神情明朗；和任何人都能马上亲近；各种事都想尝试；和初次见面的人也能轻松说话；工作比一般人快；爱说道理；情感丰富；喜欢热闹；喜欢说话；认识很多人，是大家心目中的开心果；说话做事豪爽直接，是个非常铁的朋友。这些特征可以使她能迅速地融入团队，并被大多数人接受。但是外向性格的人有时候太过主动也会遭到别人的嫉妒和猜忌，甚至反感。开朗大方的人往往直爽，不会拐弯，情绪变化也很大；不善于保持平静；工作的专注度也较低，一般来说做事也会粗糙马虎一些；大大咧咧，想到的事立刻付诸行动；不擅长计划；易冲动。

所以，这种性格的女性，在职场上应当注意发挥热情大度的优势，建立良好的人际关系，并学会克服自己的性格缺陷，加强自己的专注度，克制自己的情绪，不让自己过于情绪化，冷静理智地对待工作中的问题，就会越来越完美。

（2）耿直型性格。

这种性格的女性做事光明磊落，坦坦荡荡，不设城府；做事实事求是；善恶分明；宽容大度，不喜欢别人记仇，也不喜欢记别人的仇，因而极易赢得别人的好感和称赞，也能获得大家的信任。但是，这样的性格过于刚硬，不会转弯，常常因为固执而伤了他人的感情；脾气暴躁，沾火就着，影响人际关系。有这样性格的女性，应当发扬自己好的一面，杜绝女人的小心眼，多体谅和宽容别人，大度对人，苛刻对己，学一点圆通术，对看不惯、做不来的事情多以宽容的眼光对待，不必事事较真，学会睁只眼闭只眼，也能获得好人缘。

（3）平和型性格。

率直地顺从别人的话；以为平安过日子就好；不喜欢出风头；被称为随和；性格属于内向；不喜欢讲理论；很少积极去交朋友；容易流泪；偶尔会执著于细节；不善于耐性的努力；说话少；大多上是跟从别人后头；喜欢做家务；会被有领导力的人所吸引。

（4）踏实型性格。

做事踏实稳重，注重道理；守规矩，重纪律；很执著，不达目的不轻易罢休；不会轻易发脾气；不会很快结交朋友；待人做事需要较长的时间去习惯；比较有耐性；偶尔会很倔强；看到没有规矩的人会很生气；不论做什么事情都会踏踏实实地做好，而且不计代价，因而工作一般都会很优秀。但这种性格的人容易被批评为古板；有时候过于执著会被当成固执，进取心不够，创新方面也很欠缺。这样的女性适合执行力强的岗位，做具体的工作，而不适合开创性的、决策性的工作。如果能稍微改改刻板和固执的个性，就会是非常受欢迎的下属。

（5）内向型性格。

有些女性天生腼腆内向，在大家心中一直是个乖乖女的形象。性格内向的职场女性在家里是家人的掌上明珠，是朋友的贴心闺蜜。淑女的打扮、淑女的话语、淑女的行事风格给人一种赏心悦目的感觉，但是一到了职场却跌价成过度逆来顺受的“烂好人”，不一定得到上司、同事相等的回报，反而会给人一种能力平庸、过于柔顺的感受。这样的好脾气非但对职场发展不利，还会招来别人的利用和欺负。因此，性格内向的女性一定要培养出坚强、开朗的性格。当然这个过程是漫长的，需要下一番工夫。

良好的性格，能协调人际关系；不良的性格，则人能使人际关系紧张。心胸宽阔，性格开朗，严以律己，宽以待人，容易搞好人际关系；心胸狭窄，性格孤僻，则会给人际关系设置障碍。性情暴躁的人，容易与人发生冲突，影响人际关系。因此，注重性格锻炼，改造不良人格，对协调人际关系甚为重要！

职场女性性格过于火爆不行，这种人往往会为自己的冲动而付出代价，而太过文静内向的人往往会吃哑巴亏。因此，新时代的职场女性一定要将火热的性格和沉静的性格结合起来，两种性格完美结合将所向披靡。职场女性要当淑女和小辣椒的结合体，当你动起来时大家将看到你的活力朝气与可爱，而当你静起来大家又看到你沉稳冷静的一面。这样一种冰火两重天的形象不仅让自己光芒四射，也让自己的职场道路越走越宽。